肝胆文章 和平志业

纪念郑振铎文献图集

北京华协文化发展有限公司 编

文物出版社

图书在版编目（ＣＩＰ）数据

肝胆文章　和平志业 ：纪念郑振铎文献图集 ／ 北京
华协文化发展有限公司编. －－ 北京 ：文物出版社，
2019.12

ISBN 978-7-5010-6479-3

Ⅰ．①肝… Ⅱ．①北… Ⅲ．①郑振铎（1898-1958）
－纪念文集　 Ⅳ．①K825.6-53

中国版本图书馆CIP数据核字(2019)第272896号

肝胆文章　和平志业·纪念郑振铎文献图集

编　　者　北京华协文化发展有限公司

责任编辑　许海意
责任印制　张道奇

出版发行　文物出版社
社　　址　北京市东直门内北小街2号楼
网　　址　http://www.wenwu.com
邮　　箱　web@wenwu.com
制版印刷　天津图文方嘉印刷有限公司
经　　销　新华书店
开　　本　889mm×1194mm　1/16
印　　张　7.5
版　　次　2019年12月第1版
印　　次　2019年12月第1次印刷
书　　号　ISBN 978-7-5010-6479-3
定　　价　138.00元

目 录

前　言

　　郑振铎，字西谛，笔名郭源新、落雪、C.T. 等。1898 年 12 月 19 日生于浙江温州，1958 年 10 月 17 日，在率中国文化代表团出国访问途中因飞机失事殉难，终年 60 岁。郑振铎先生是我国著名的学者、作家、诗人、编辑家、收藏家、社会活动家，他的建树遍及多个领域，为后人留下了丰厚的文化遗产。新中国成立之初，他受任中央人民政府文化部文物局局长、文化部社会文化事业管理局局长、文化部副部长，中国科学院考古研究所所长，文学研究所所长等职，是我国社会主义文化、文学、文物和考古事业的卓越领导人之一。

　　郑振铎先生是当代中国文化史上的传奇人物：他一生追求正义与真理，是坚定的爱国主义者；在民主革命时期，他与中国共产党肝胆相照，无畏无惧地投入争取民族解放和民主、自由的伟大斗争；全国解放以后，他积极投身新生国家的文化建设，成为文化艺术界的一面旗帜。他学识渊博、贯通古今中西，尤其是在中国文学理论、文学历史、文学研究和文学创作方面见识超人、著述丰硕。他是新中国文物保护行政和管理体系的奠基人，为保护中华民族珍贵的文化遗产立下了不世之功。他为人坦诚、热情，如同点燃的蜡烛，又好似灿烂的霞光，真诚、无私、宽容，温暖了众多的朋友。这一切都源于他深厚的中国传统文化学养，源于他坚定的共产主义信仰和对光明事业的不懈追求，源于他对中华民族和中国人民的无限热爱。

　　值郑振铎先生诞辰 120 周年之际，北京华协文化发展有限公司围绕其生平经历，将收藏的图书、手稿、书信、照片等实物资料衰编成集。我们追溯郑振铎先生所走过的奋斗之路，为的是从中汲取营养，获取力量，促使我们承前启后，不忘初心，牢记使命，增强文化自信，继续为实现中华民族伟大复兴的中国梦而努力奋斗。

北京华协文化发展有限公司

二〇一九年三月

新社會

The New Society

△北京社會實進會刊行

●發刊詞

●中國人的劣點

中國社會不進步的原因，現在我們中國人應該三十是了工商……的人都已作……

我們的改造的手段，應該持和平方法呢，還是用下的，應大多數中下級的生活、思想，實際改造起來。是向？……

社會是我們改造的對象，我們的……

……

本報論章如左

(投稿)

我們的言論……

我們社會達進會，現在創刊這個小小的半月報啊！手段略有差誤，也足以使改造的準備、生阻……

……

中國人的劣點

……社會的外子便不能盡……

這社會的……那裡有許多人違想劾法……

怎麽能退步呢？……中國為例人太壞……社會壞的緣故……政府……

……你叫政府如何能好？現在固他不是委的……社會的組織……這社會便壞……牛鬼蛇神……誰還「奇形怪狀」……亂到不可收……

仔細研究，慎重決定的所自以為最精密，最有效力的，則有待於大家的批評了：

《 国 际 歌 》 考 略

早在１９２０年《国际歌》词就已译为中文了。

光明道路的 求索者

第一节　少年时期

郑振铎祖籍福建长乐，历史上共涌现了 955 名进士，是全国著名的"进士之乡"。郑家所属的"义福房"就出过 5 位进士。可以说，崇尚读书是长乐也是郑家历代相传的乡风和家风。

迁居温州后，郑振铎的祖父、父亲相继病逝，家道中落，依靠母亲的艰苦支撑，郑振铎读完了小学、中学。郑振铎少年时同学、著名词人夏承焘曾作《减字木兰花·有怀西谛学兄》："峥嵘头角，犹记儿时初放学。池草飞霞，梦路还应绕永嘉。百编名世，十载京华携手地。杰阁秋晴，遥指层霄是去程。"

1 │ 《郑氏族谱》

横 27 厘米，纵 35 厘米，厚 2 厘米
《郑氏族谱》是前朝递修木刻本，记载了从郑氏族源到迁居江南整个家族绵延赓续的过程。开本约八开，图像丰富。

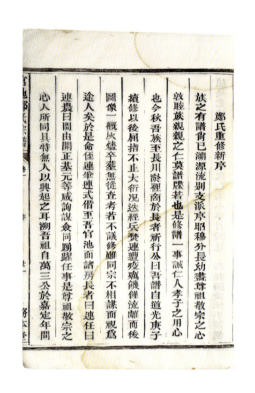

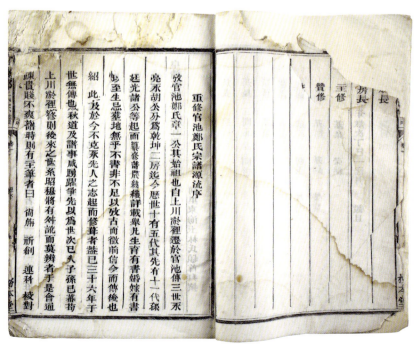

2 《国朝名家诗抄小传》

横 15 厘米、纵 24.5 厘米、厚 1 厘米

郑氏先祖郑方坤（1693～？）撰，清光绪十二年（1886 年）万山草堂刻本。此书分为上下两卷，上卷 53 人，下卷 57 人，详细记述了清初至乾隆年间诗坛大家的生平、仕宦经历、诗歌源流。

3 夏承焘《词集》签名本

横 15 厘米、纵 25 厘米、厚 2 厘米

本书是郑振铎少年同窗夏承焘 1976 年自编自印的油印本。本书印数不多，此为其毛笔签名本。夏承焘（1900～1986 年），字瞿禅、瞿髯，浙江温州人，毕生致力于词学研究和教学，是现代词学的开拓者和奠基人。胡乔木曾经多次赞誉夏承焘为"一代词宗""词学宗师"。

第二节　青年时期

　　郑振铎中学毕业后，负笈京师，就读北京铁路管理学校。求知欲望极强的他在课余博览各类社会学著作和俄国文学名著，结识了志趣相同的瞿秋白、耿济之、瞿世英、许地山等朋友，开始求索光明道路的历程。1919 年，郑振铎、瞿秋白等作为各自学校的代表，积极投身于"五四运动"，他们还共同创办进步刊物《新社会》，并为此专程拜访过陈独秀。郑振铎还参加了张西曼等组织的"社会主义研究会"。《新社会》杂志因宣传进步思想，影响日益扩大，1920 年 5 月被北洋政府查封。

1 《新社会》

横 20 厘米、纵 27 厘米、厚 2 厘米

本书是人民出版社 1981 年影印本，初印仅 100 部。《新社会》由郑振铎、瞿秋白等创刊于 1919 年 11 月 1 日。自 1920 年 1 月 1 日第七期起改为 16 开本，每期为 12～14 页的单册，遇专号则增加篇幅，出至十九期，被禁止。郑振铎曾在《新社会》上发表过《我们今后的社会改造运动》《怎样服务社会？》《学生的根本上的运动》等多篇文章，抒发理想主义激情。

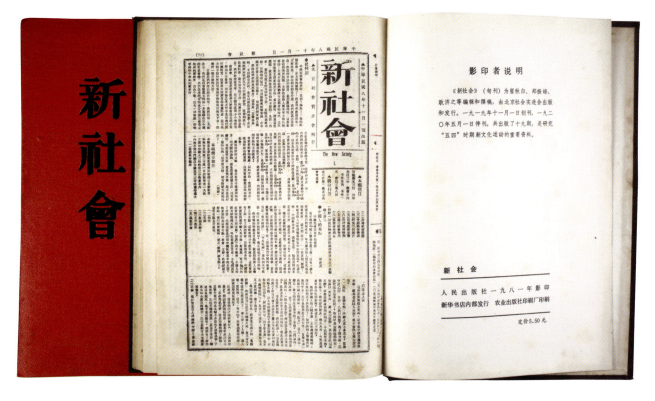

在中共早期领导人的指引下，郑振铎逐步成长为民主阵线中坚强的战士。1920 年夏天，郑振铎和耿济之翻译了俄文版《国际歌》，这是中国最早的中译本之一。1921 年，郑振铎进入商务印书馆工作。此后，他受茅盾、叶圣陶等进步人士的影响，在做出版工作的同时，与反动的统治势力展开斗争。1925 年，五卅惨案发生后，郑振铎义愤填膺，积极参与创办《公理日报》，配合瞿秋白主编的中共历史上第一份日报《热血日报》，呼吁全国人民奋起抗争。当时在商务印书馆工作的还有陈云同志。郑振铎还协助瞿秋白编辑《鲁迅杂感选集》。

2 《〈国际歌〉在中国》

横 19 厘米、纵 27 厘米

1920 年郑振铎和耿济之合译《国际歌》，以《赤色的诗歌——第三国际党的颂歌》为标题，本预备发表在他们编辑的《人道》月刊上，后《人道》月刊因种种原因停刊后，最终发表在 1921 年 9 月的《小说月报》上。

3 《东方杂志·五卅事件临时增刊》

横 17.5 厘米、纵 25 厘米、厚 1.5 厘米

《五卅事件临时增刊》是商务印书馆专为五卅事件出版的增刊原件，1925 年 7 月出版。主要记述有五卅事件责任与善后、五卅惨杀事件事实分析与证明、五卅事件纪实、会审公堂记录摘要等。

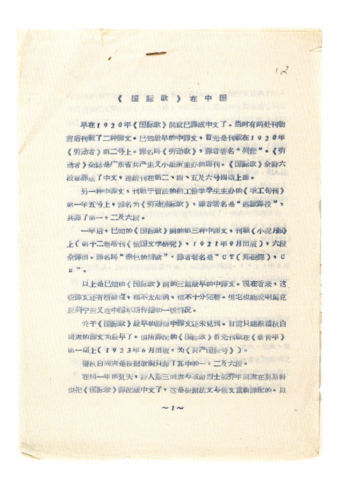

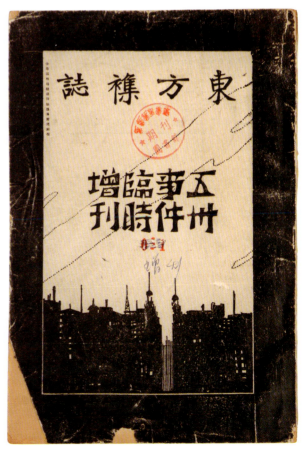

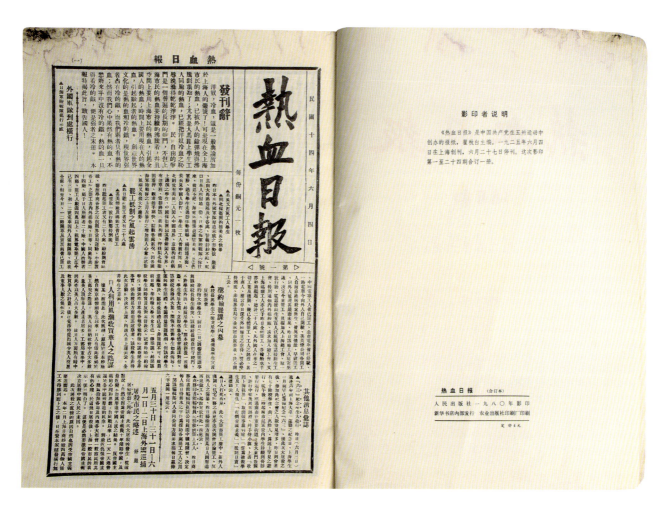

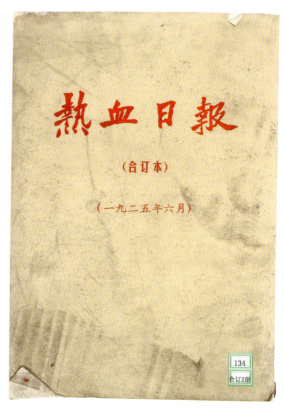

4 《热血日报》

横 27 厘米、纵 38 厘米、厚 1 厘米

《热血日报》影印合订本，瞿秋白主编，人民出版社 1980 年版，新华书店内部发行。本报 1925 年 6 月 4 日在上海创刊，是中共中央主办的第一张日报。到同年 6 月 27 日被反动派查封停刊，共出版 24 期。

该报紧密配合五卅运动发展的形势，广泛报道五卅运动在上海和全国各地引起的怒潮，批判各种卖国行径，系统地宣传党领导五卅反帝斗争的方针，同时迅速地把各阶层的动向、人民大众的呼声和各地声援斗争的情况传达给群众，起到民之喉舌、党之号角的作用。

5 | 《鲁迅杂感选集》

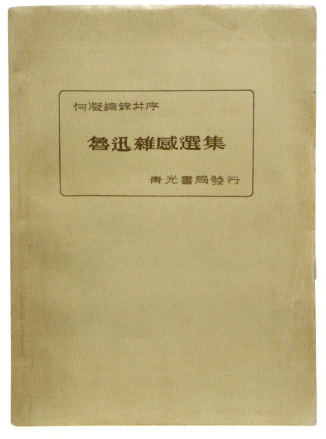

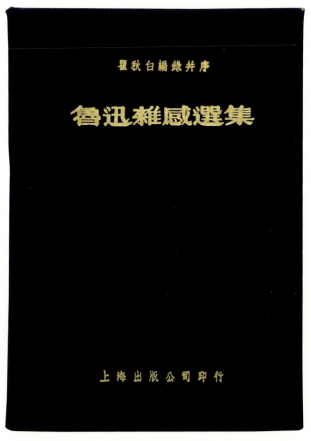

（1）初版

横 17 厘米、纵 22 厘米、厚 2 厘米

这是 1933 年 7 月郑振铎协助瞿秋白编辑的《鲁迅杂感选集》，由青光书局出版。"何凝"是瞿秋白的笔名。

（2）再版

横 16 厘米、纵 21 厘米、厚 2 厘米

这是 1950 年 10 月由上海出版公司再版的《鲁迅杂感选集》，编者署名瞿秋白。

民主探索

　　1931 年 9 月，郑振铎离沪到北平燕京大学及清华大学任文学教授。他团结了一批进步教授及学生，成为北方进步文化界的中心人物之一。

　　全面抗战开始后，郑振铎以笔为枪，积极投入抗日救亡运动，参与创办《救亡日报》《战时联合旬刊》等刊物。他曾发表《回击》一诗呼吁："抗战才是一条活路，也是给侵略者一个最好的道德的教训，为中国，也为世界的和平。回击！重重的回击！"

　　鲁迅逝世后，郑振铎和胡愈之、王任叔、许广平等人开始编辑出版《鲁迅全集》。这是抗战时期的一项重要文化工程。郑振铎为此投入了极大的精力，宣传样品上有未署名的《鲁迅全集发刊缘起》总说明，就是郑振铎撰写的。延安时期，毛泽东把上海鲁迅先生纪念委员会送他的《鲁迅全集》始终放在案头。第一版《鲁迅全集》于 1938 年 8 月出版，共 20 卷。出版社特印 200 套编号发行并注明是非卖品的"纪念本"，赠给延安两套，毛泽东得到其中的第 58 号。

　　日本投降后，郑振铎创办了《民主》周刊，这是反对国民党独裁统治具有广泛影响力的期刊。特别是在李公朴、闻一多被暗杀后，郑振铎不仅在《民主》

上刊文表达愤怒的抗议，还参与发起了以宋庆龄为首的悼念大会。在《民主》被查封的终刊号上，郑振铎更发表了17位著名民主人士的抗议文章，指出国民党扼杀民主事业，压迫人民大众，反动统治终将被打倒！

1 | 《战时联合旬刊》

横19厘米、纵25厘米、厚0.5厘米

《战时联合旬刊》是抗战时期由郑振铎主编的著名抗战刊物之一，1937年9月1日创刊于上海，由世界知识社、妇女生活社、中华公论社、国民周刊社联合发行。共出版4期，发表了包含金仲华、邹韬奋、胡愈之、茅盾、郑振铎等人的文章。

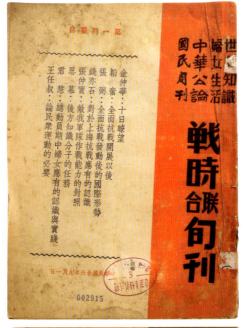

2 │ 《抗战半月刊》

横 19 厘米、纵 26 厘米、厚 3 厘米

《抗战半月刊》由战时出版社刊行，包括对于抗日的理解、怎样战胜日本、国共统一战线、战时民众动员等多个板块。刊有毛泽东、宋庆龄、郑振铎、巴金、老舍、周作人等 100 名当时的名家关于抗战的文章。

这第一卷合订本，根据内容推测可能编印于 1938 年。

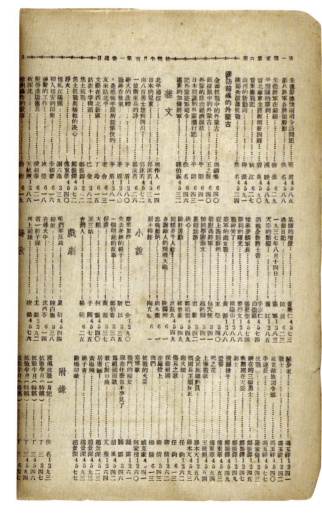

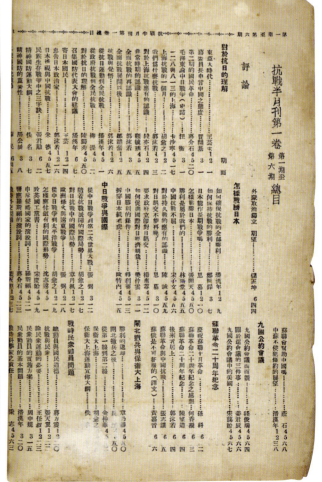

3 | 1938 年版《鲁迅全集》

共 20 册。横 13.5 厘米、纵 19 厘米。

《鲁迅全集》，上海复社，1938 年 6 月至 8 月初版。共 20 册。
署鲁迅先生纪念委员会编纂。许广平在《编校后记》中说，
整个编辑工作"以郑振铎、王任叔两先生用力为多"。

4 《民主》杂志

横 18 厘米、纵 25 厘米、厚 0.5 厘米

《民主》杂志，民主周刊社出版，1945 年 10 月 13 日创刊于
上海，1946 年 10 月 31 日停刊，共 54 期。以"阐扬民主思想"
为宗旨。郑振铎任主编，周建人、许广平、马叙伦、董秋斯、
罗稷南为编委。

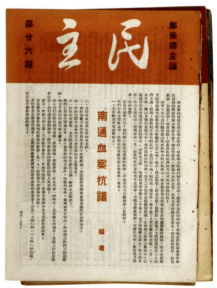

文化领域的

耕耘者

第一节 ╲ 文学活动

　　1921 年 1 月，郑振铎和蒋百里、沈雁冰（茅盾）、王统照等 12 人发起成立新文学社团——"文学研究会"。"文学研究会"代表了新文学运动的发展方向，影响深远。"文学研究会"出版由郑振铎主编的会刊《文学周报》和《文学研究会丛书》。《文学研究会丛书》包括瞿秋白、叶圣陶、冰心、卢隐等人最初的几部创作集，还有一些鲁迅的译作，都是由郑振铎编入这套丛书的。

　　同时，郑振铎主编的文学刊物，还有改革后的商务印书馆刊物《小说月报》。从 1923 年郑振铎接替沈雁冰担任主编起，直到 1932 年商务印书馆编译所毁于"一·二八"战火，第 23 卷新年号未及发行而终刊。这期间发表了许多重要作品，茅盾 1981 年 1 月 15 日曾回忆道："值得提到的是，巴金、老舍、丁玲的处女作都是在《小说月报》上首先发表的，我的第一篇小说《幻灭》也是登在《小说月报》上。十一年中，《小说月报》记录了我国老一代文学家艰辛跋涉的足迹，也成为老一代文学家在那黑暗的年代里吮吸滋养的园地。"

　　郑振铎创办并主编的《文学》月刊和《文学季刊》，也是 20 世纪 30 年代"最杰出、生命力最强的刊物"，鲁迅曾给予高度评价，称其"内容极充实，有许多是可以借以明白中国人的思想根底的"。曹禺就因在此发表剧本《雷雨》而一举成名。这几种刊物和丛书，就其数量、规模、存在时间、内容质量、启蒙意义、历史影响等方面来看，在整个新文学史上是极少可以与之相比的。

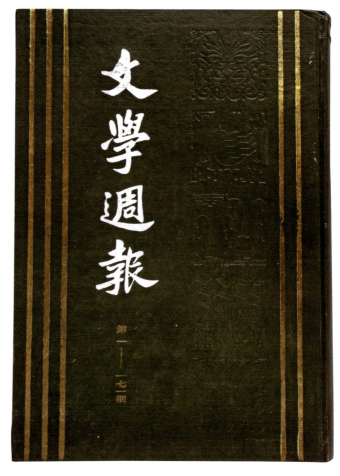

1 │ 《文学周报》影印本

横 28 厘米、纵 38 厘米、厚 4 厘米

1921 年 5 月 10 日文学研究会《文学旬刊》创刊。1925 年 5 月第 172 期改名为《文学周报》，由郑振铎主编。郑振铎曾在《文学周报》第 183 号发表小诗《为中国》。1929 年 12 月出至第 9 卷第 5 期休刊，前后共出 380 期。此为影印本，由上海书店 1984 年 11 月印行。

抗战胜利后，郑振铎与李健吾主编了大型文学月刊《文艺复兴》，在中国文学史上应该占有相当的地位。钱钟书的《围城》、巴金的《寒夜》、李广田的《引力》等著名长篇小说，都是在此刊物上首次发表的。

《文学周报》影印本前言

一

《文学周报》是文学研究会的机关报，是该会主办的文学刊物。

1921年一月四日，在北京中山公园来今雨轩；文学研究会正式宣告成立，发起人是郑振铎、沈雁冰、叶绍钧等十二个人。在成立宣言（刊登在《小说月报》第十二卷第一号和《新青年》第八卷第五号以及其他好几种北京的日报和杂志上）中，同人们郑重地宣告："将文艺当作高兴时的游戏或失意时的消遣的时候，现在已经过去了。我们相信文学是一种工作，而且又是于人生很切要的一种工作。"不久，研究会的中心就由北京转到上海，在上海成立了总部，在北京、广州、宁波等地设立了分会，会员由开始的二十余人发展到一白七十二人（经过正式登记的）。文学研究会虽然不能说有一个非常完整的、统一的纲领，但是其基本倾向还是一致的，那就是，如鲁迅所说，"文学研究会……是主张为人生的艺术的，是一面创作，一面也着重翻译的，是注意介绍被压迫民族文学的。"这一文学团体用以宣扬和实践这一文艺观点或倾向的主要阵地之一，就是《文学周报》。

二

《文学周报》初名《文学旬刊》，创办于文学研究会成立后不久的1921年五月十日。起初是附在《时事新报》上发行的。创刊后一周年，即于1922年五月十一日，在第37期上刊登特别启事，公开声明《文学旬刊》是文学研究会的定期刊物。到80期作为第一卷。从1923年七月三十日第81期，作为第二卷开始，改名为《文学》（周刊），仍附在《时事新报》上发行，与《文学旬刊》均为八开两页，1925年五月十日出到第172期时，才又更名为《文学周报》，作为第三卷开始，并脱离《时事新报》而独立发行，16开四页。从此后就是第四卷到第八卷，由开明书店、远东图书公司印行，为32开30面（余二面作为广告），最后第九卷又印了五期16开四页，从此就停刊了。

三

《文学周报》的第一任主编是文学研究会的首先发起人之一郑振铎，当时他刚从交通部铁路管理专科学校毕业。到1922年十二月，由谢六逸接任主编工作。1923年五月十二日第73期起，又改由沈雁冰、叶绍钧、郑振铎、谢六逸等十二人共同负责编辑。同年又曾进行改组，调整后的负责编辑，十余人中有瞿秋白。同年十二月二十四日第102期起，由叶绍钧主编。到1927年七月，主编工作由我接任。1929年一月八日第351期起，又改由我和郑振铎、谢六逸、耿济之、傅东华、李青崖、徐调孚、樊仲之等八人集体负责编辑，直到1929年十二月二十三日第380期停刊为止。在它的整个刊行期间，郑振铎作出了最大的贡献，在较长的时期内，它的"编辑、发稿、往报馆校对、排样，经常由郑振铎担任。每期旬刊出版，报馆把添印的若干份交来，一批朋友就聚在一起，一张一张折起来，插进大家分担写好了订阅人姓名地址的信封里，然后扎成几捆，送往邮局。这时候，大家感到共同劳动的愉快，同时感到仿佛跟订阅人心连心了。"（叶圣陶《略述文学研究会》载《文学评论》1959年第2期。）

在总期数达380期，时间跨越整整八年半的刊行中，《文学周报》在文学研究会同人们的支持下是

2 | 《诗》

横 15 厘米、纵 22 厘米、厚 0.5 厘米

《诗》，是郑振铎创办的发表新诗的杂志，为中国新文学史上第一个诗刊。1922 年 1 月 1 日创刊于上海，中国新诗社主办，是文学研究会出版物之一，由中华书局发行。共 2 卷 7 期，刊发了 83 位作者的诗歌、评论等作品 595 篇，1923 年 5 月停刊。

文學研究會定期刊物之一

詩

第一卷 第二號 目次

第一卷

柳　　　鄭振鐸

春風徐徐地吹拂着,
枯黃色的柳絲微微地綠了!

淒涼的感覺,
突然沁入全身的細胞中。

雁蕩山之頂　　鄭振鐸

紅的白的杜鵑花
我隨意在山徑旁閒着。
上了瀑布之頂——
雁蕩山之頂——
疲倦了的夕陽光,
只照我一個人的身上。
偶然有幾隻歸巢的烏鴉,在沈寂的空中啞啞地叫了
幾聲。
『荒山不可以久留,
還是歸來好。』
這樣地我便
復歸於喧嘩的人世間。
人世間雖喧嘩,
總把我的心牢牢地維繫住了。

死了的小弟弟　　鄭振鐸

雖然我們只見了五六次面,
但是這初生嬰孩的最後的啜而不揚的哭聲,
至今還使我負着悲哀的重擔。

夜游三潭印月　　鄭振鐸

3　《文学季刊》

横 19 厘米、纵 26 厘米、厚 2 厘米

《文学季刊》，1934 年 1 月 1 日创刊于北平，1935 年 12 月 16 日停刊，共出 2 卷 8 期。第 1 卷第 1 至第 3 期由北平立达书店出版发行，第 1 卷第 4 期至第 2 卷第 4 期由上海生活书店发行，郑振铎、章靳以主编。

文學季刊 創刊號目次　文學季刊 創刊號目次

發刊詞

論文

大眾文學與爲大眾的文學　鄭振鐸（四）
近代國語文學之訓詁研究示例　黎錦熙（一四）
六十年年底終結自觀（華賽曼）　楊丙辰（八七）
「包法利夫人」　李健吾（一〇六）
戲劇的重要性及其動向（檢查抽去）　問滔（一六〇）
金瓶梅的著作時代及其社會背景　吳唅（一七三）
佳人才子小說研究　郭昌鶴（一九四）
三種漢畫之發現（附插圖七幅）　賀昌群（二三三）
王國維文藝批評著作批判　李長之（二三七）
再談王靜安先生的文學見解　吳文祺（二五四）
詩與語音　吳世昌（二六二）
幽默文學與諷刺文學　黃源（二六七）
所謂心理的描寫　夏斧心（二八〇）

文學季刊

創刊號

民國二十三年一月一日

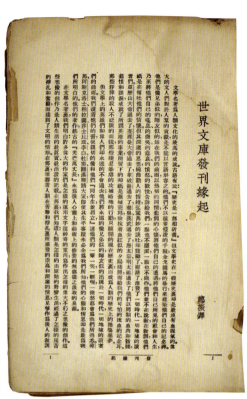

4 | 《世界文库》

横 15 厘米、纵 22 厘米、厚 3 厘米

《世界文库》，创刊于 1935 年 5 月 20 日，由上海生活书店出版，郑振铎主编，后因日本帝国主义侵华、战争来临，于 1936 年 4 月休刊。共出 12 册。第 1 年第 1 册卷首有郑振铎写的《世界文库发刊缘起》和《世界文库编例》及蔡元培写的序。

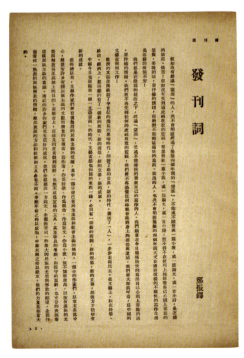

5 | 《文艺复兴》

横 20 厘米、纵 25 厘米、厚 6 厘米

《文艺复兴》，1946 年 1月 10 日创刊，由上海出版公司发行，郑振泽、李健吾主编。

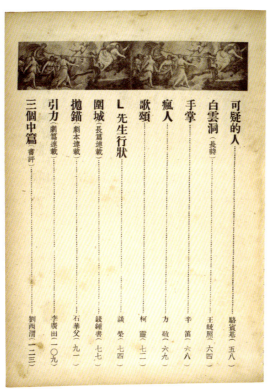

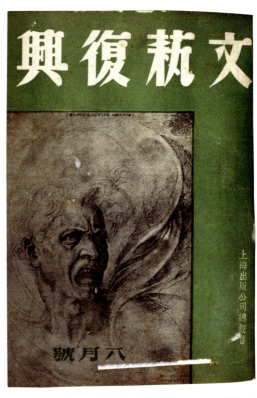

1947 年 11 月出至第 4 卷第 2 期停刊，计出 20 期。自 1948 年 9 月 10 日至 1949 年 8 月 5 日，又陆续出版《中国文学研究专号》3 本。该刊先后共出版 23 期。这里展示的为创刊号、8 月号两期。

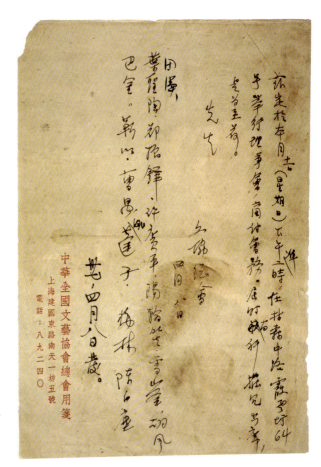

6 | 中华全国文艺协会总会会议通知

横 20 厘米、纵 29 厘米

1948 年 4 月 8 日，中华全国文艺协会总会发出通知，要召开理事会会议，商讨会务。名单中列有郑振铎。

文学创作

　　郑振铎的主要工作不是文学创作，但他也取得了相当的成就。郑振铎创作最突出的成就是散文、杂文、政论文，可以说，在现代散文作家中，像他那样充满爱国热情和闪烁学识之光的，并不多见。郑振铎在儿童文学和外国作品翻译方面也有大量的著作，深受好评。抗战胜利后，上海某刊物曾发起"我最钦佩的作家"的调查，结果是巴金得票第一，郑振铎第二，茅盾第三，可见郑振铎的创作有着广泛的影响。

1 ｜ 初版《桂公塘》

横 11 厘米、纵 17 厘米、厚 2 厘米

初版《桂公塘》，商务印书馆，1937 年 6 月出版。本书收集了郑振铎以笔名"郭源新"发表的三部短篇历史小说：《桂公塘》《黄公俊之最后》和《毁灭》。其中，《桂公塘》写的是南宋末年文天祥赴元讲和被扣押，后设法逃脱，辗转数处终于暂时脱险的故事；《黄公俊之最后》写的是清朝太平军将领黄公俊参加太平天国，后为挽救危局，两次只身前往湘营，试图说降曾国藩和曾国荃，反遭囚禁后慷慨赴难的故事；《毁灭》写的是明末阮大铖和马士英结党营私，弄权欺诈，最后导致家国俱毁的可耻悲剧。

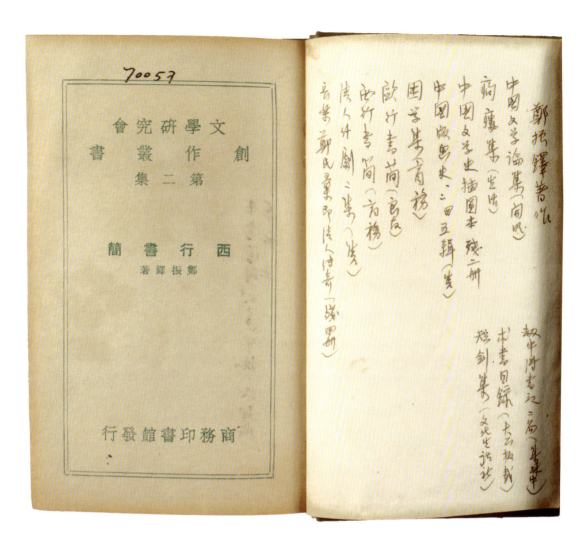

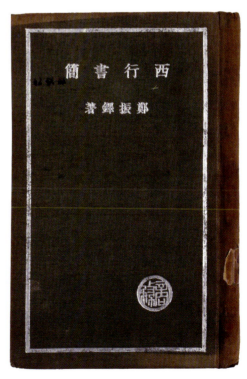

2　初版《西行书简》

横 11 厘米、纵 17 厘米、厚 2 厘米

《西行书简》，商务印书馆，1937 年 6 月初版，"文学研究会创作丛书"第二集之一。《西行书简》是一部书信集，以生动的笔触记述了 1934 年 7 月应平绥铁路局长之邀，郑振铎与冰心、顾颉刚、雷洁琼等一行 8 人组成"平绥沿线旅行团"进行的考察活动。郑振铎沿途共写给夫人 14 封信，饱蘸深情地介绍了平绥沿线的古迹、物产、风俗及沿途的所见所闻、所思所想，书中另附有旅行摄影 55 幅，具有重要的文化史料价值。

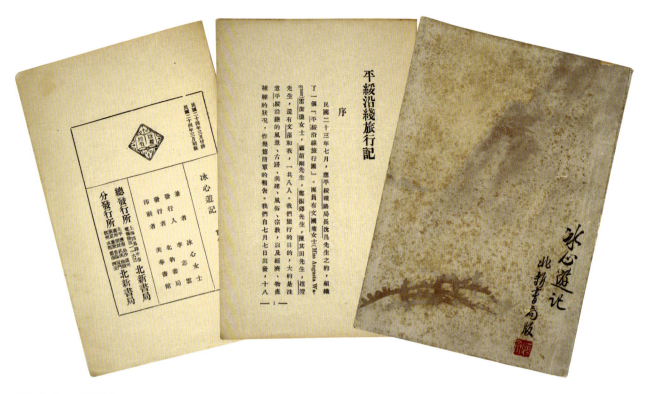

附《冰心游记》

横 14 厘米、纵 18 厘米、厚 1 厘米

《冰心游记》，是 1934 年 7 月冰心与郑振铎等人沿平绥铁路同游时所作的游记。副题为《平绥沿线旅行记》，由北新书局 1935 年 3 月初版。

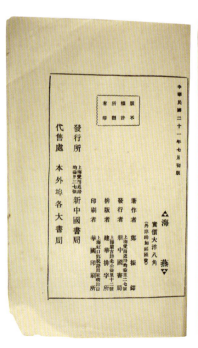

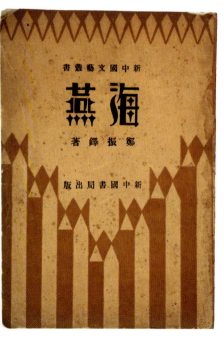

3　初版《海燕》

横 13 厘米、纵 19 厘米、厚 2 厘米

《海燕》，新中国书局，1932 年 7 月初版。为"新中国文艺丛书"之一，前半为文艺杂论，后半为散文。1927 年，郑振铎赴欧考察，与陈学昭、徐元度等人同乘法国"阿托士（Athos）"号邮船，相约把"在 Athos 上所感到的，所想到的，所见到的"写成文字，"寄回给亲爱的国人和亲友"。郑振铎旅法途中写的散文后来便结成此集出版。

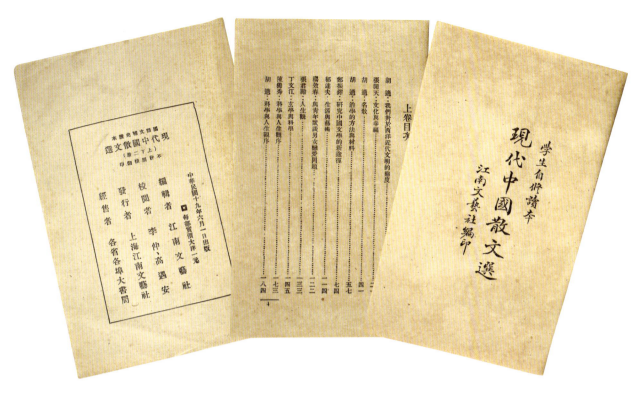

4 | 初版《现代中国散文选》

横 13 厘米、纵 19 厘米、厚 2 厘米

《现代中国散文选》，江南文艺社，1930 年 6 月出版，收录了周作人、鲁迅、俞平伯、朱自清、叶绍钧、丰子恺、林语堂、徐志摩、冰心、茅盾、郑振铎、郁达夫、郭沫若、钟敬文、徐蔚南等 25 人的散文 69 篇，是"学生自修读本"。其中，郑振铎的文章是《研究中国文学的新途径》。

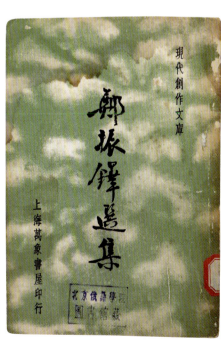

5 | 《郑振铎选集》

横 13 厘米、纵 18.5 厘米、厚 1.5 厘米

《郑振铎选集》，徐沉泗、叶忘忧编选，上海万象书屋 1936 年 4 月印行。这是郑振铎的第一部选集，收录了郑振铎创作的小说、散文等，尤为珍贵。

第三节　整理文学遗产

整理中国文学遗产、探索文化发展轨迹的学者不在少数，但近代以来成绩突出、影响深远的应首推郑振铎。其主要著作有《文学大纲》《插图本中国文学史》《中国俗文学史》《中国文选》《中国文学大辞典》等。

《插图本中国文学史》，从 1932 年到 1933 年完成了前四册，虽然仅是原计划的三分之一，但其篇幅仍是民国出版的文学史中规模最大的一种。全书分为古代、中世、近代三卷，自古代文学鸟瞰至清代阮大铖与李玉，共六十四章，每章分若干小节。所收材料有三分之一以上是同时期其他书所未论及的，如变文、戏文、诸宫调、散曲、民歌以及宝卷、弹词、鼓词等。鲁迅曾推荐了五种文学史著作，其中就有郑振铎此书和他自己的《中国小说史略》，这说明了该书的价值和影响。

《中国俗文学史》，写于 1934 年至 1936 年，它填补了民间文学发展史这一空白地带，此书与王国维《宋元戏曲考》都是研究民间文学史的基本典籍。上起先秦，下迄清末，本书对中国历代歌谣、民歌、变文、杂剧词、鼓子词、诸宫调、散曲、宝卷、弹词、子弟书等民间文学作了系统的梳理，材料丰富，引证广博。

而郑振铎计划编写出版的《中国文选》《中国文学大辞典》，更是从未有过的两部文学史巨著，虽然最终因抗战爆发未能实现，但他亲笔所书的例言、说明、缘起等，显示出他为整理文学遗产所做的长期准备和宏大设想。

1　《文学大纲》

横 16 厘米、纵 23 厘米、厚 4 厘米

《文学大纲》，郑振铎著，商务印书馆，1926 年 12 月至 1927 年 10 月先后出版，共 4 册。1924 年 1 月起由《小说月报》连载，至 1927 年 1 月共 42 章，出版时补全为 46 章。本书首次把东西方文学史平等而紧密地结合在一起，对世界文学史上著名作家都有生平简介，各种名著也有简明的述论。可以说，这是一部真正意义上的世界文学史和比较文学史。郑振铎 1926 年 7 月 9 日为此书作序。书中附有大量精美插图。

文學大綱

四

的編者曾經做過那種全盤的整理工作了。編者的這部工作，除了一小部分中國的東西外，受到他們的恩惠真不少。要沒有他們的工作，本書乃至一切同類的書，其出現恐將不可能。這些書的名稱將在本書最後介紹一下。

編者尤其感謝的是 John Drinkwater，他編的文學大綱 (The Outline of Literature) 的出版，是誘起編者做這個同樣工作的主因；在本書的第一卷裏，依據她的地方不少，雖然以下並沒有什麼利用 Macy 的「世界文學史」(The Story of World's Literature) 也特別給編者以許多的幫助。

本書的插圖頗多其中從 J. Drinkwater 的「文學大綱」裏引用者不少，此外是編者自己搜集的結果。這些插圖可以使本書的讀者增加不少興趣關於中國的一部分，有許多未註明作者及所從出的書之名者半為引用三才圖會者，這部圖的書很有趣都有從天文地理以至生物，器用，歷代名人的圖像也占了十幾卷因爲未能一個一個的註明，故在此總註一下。

敘言

五

本書曾刊載于十五卷及其後的小說月報上以後又陸續的增入了不少的材料，尤其是中世紀的一個時代及插圖的一方面，成爲現在的樣子。

許多熱心的朋友與讀者曾時時給我以許多的指示與鼓勵他們的厚意，編者是不能忘記的商務印書館對于本書的出版，曾給與編者以種種的便利與幫助，也是編者所十分感謝的。

本書的錯誤與疏漏，自然是必不能免的，希望專門的研究者能隨時的指教，予編者以更正的機會此不獨編者個人之幸也。

鄭振鐸 十五年七月九日

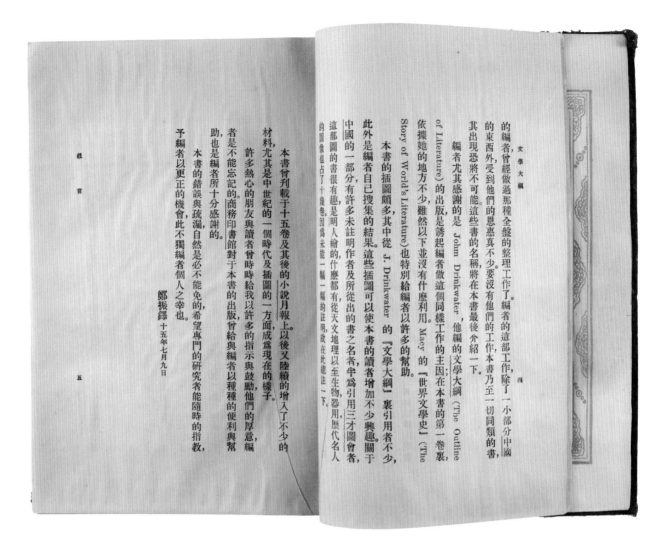

本書獻給高夢旦先生和耿濟之先生

目錄

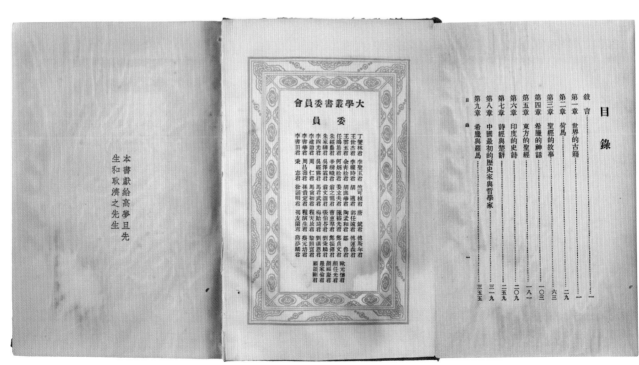

2 │ 《插图本中国文学史》

横 14 厘米、纵 19 厘米、厚 4 厘米

《插图本中国文学史》，郑振铎著，北平朴社
1932 年 12 月初版。初版仅 60 章，共 4 册。
封面设计极具特色。

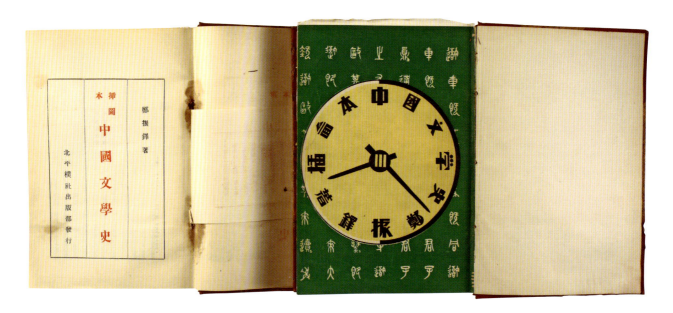

3 │ 《中国俗文学史》

（1）《中国俗文学史》

横 13 厘米、纵 19 厘米、厚 2 厘米

《中国俗文学史》，商务印书馆，1938 年 8 月初版。《中
国文化史丛书》第 2 辑之一。共 2 册，全书共 14 章。

（2）《中国俗文学史（修订本）》

横 13 厘米、纵 18 厘米、厚 2 厘米

《中国俗文学史（修订本）》，作家出版社，1954 年 2 月出版。郑振铎为再版对原书做了大量修订，此书是研究郑振铎文学思想发展的重要资料。

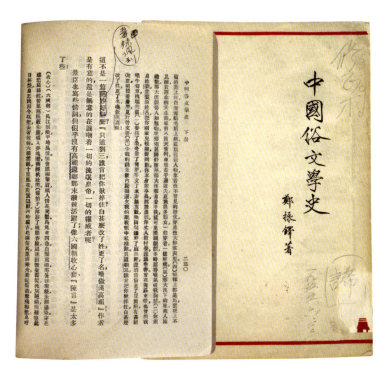

4 《中国文选》

1927 年，郑振铎、叶圣陶、周予同、王伯祥计划共同选编《中国文选》十册。编完前三册，后因故未能出版。这组郑振铎 1927 年至 1929 年间亲笔手书的内容说明、例言、出书办法，以及预约样本和与商务印书馆的出版合同，都可以看出他对此书出版的重视。

（1）郑振铎所写《中国文选》内容说明

横 20 厘米、纵 29 厘米

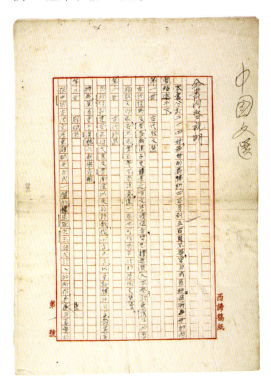

（2）郑振铎所写《中国文选》例言

横 20 厘米、纵 29 厘米

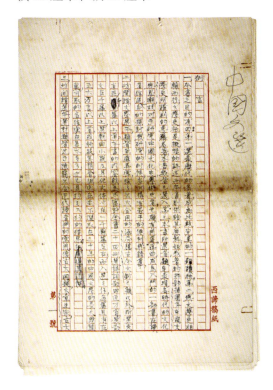

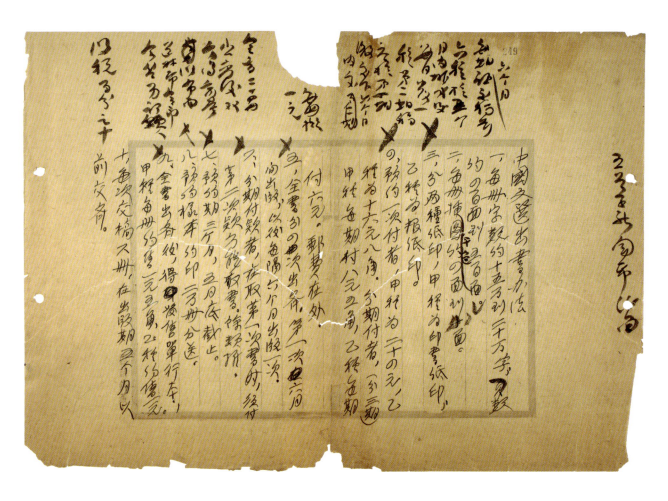

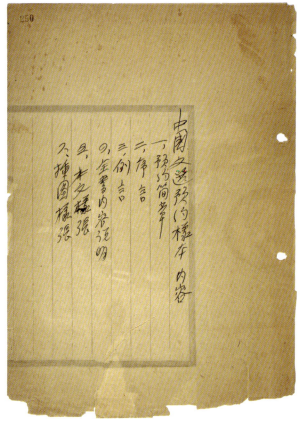

（3）郑振铎所写《中国文选》出书办法

横 30 厘米、纵 20 厘米

（4）郑振铎《中国文选预约样本》

横 20 厘米、纵 29 厘米

5 《中国文学大辞典编纂计划书》

横 18 厘米、纵 25 厘米

这是郑振铎拟订的《中国文学大辞典编纂计划书》。《中国文学大辞典》是郑振铎 1944 年 12 月 17 日准备与徐调孚、耿济之等 5 人共同实施的一项编纂项目。1944 年 12 月 24 日商编《中国文学大辞典》凡例，1945 年 1 月 6 日再次约撰《中国文学大辞典》。虽然这项工作最终也未能完成，但他整理文学遗产的规划与思想由此可见。

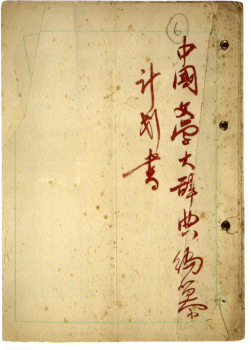

| 第四节 | # 抢救民族文献 |

　　抗战爆发后，郑振铎自觉地承担起抢救民族文献，保卫中华文化的重大责任。他说："为国家保存文化，如在战场上作战，只有向前，绝无逃避！"郑振铎联合张元济、张寿镛、何炳松等人向重庆国民政府提出成立"文献保存同志会"，由政府拨款，抢救濒于危亡的古籍善本。以郑振铎为中心的"文献保存同志会"经过艰苦的努力，克服了超乎想象的种种困难，先后抢救收购了多家著名藏书楼的善本古籍。郑振铎在抢救工作中真正达到了大公无私的境界，当时徐鸿宝在致蒋复璁信中称赞郑振铎抢救古籍是："操守坚正，一丝不苟，凡车船及联络等费，从未动用公款一钱。"

1 ｜ 《孤本元明杂剧》

横 14 厘米、纵 20 厘米、厚 1 厘米

《孤本元明杂剧》，上海涵芬楼，1941 年 8 月印行。1939 年商务印书馆初版（实际于 1941 年 4 月后出版）。《孤本元明杂剧》是从 1938 年郑振铎发现抢救的《脉望馆抄校本古今杂剧》中选印的。郑振铎称这个发现可比拟于敦煌藏经洞的发现。

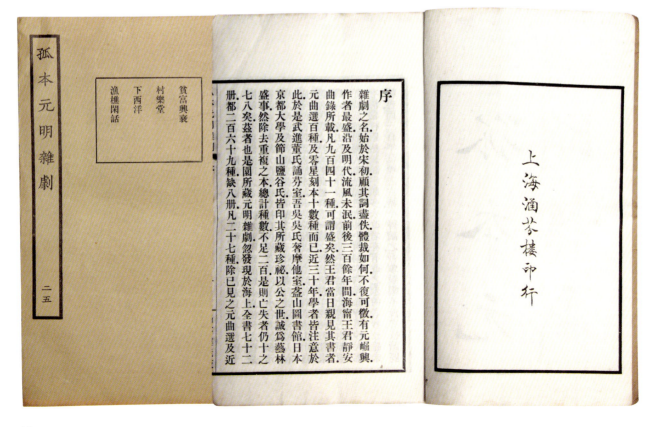

2 《西谛所藏善本戏曲目录》

横 21 厘米、纵 29 厘米、厚 1 厘米

《西谛所藏善本戏曲目录》，系 1937 年 8 月郑振铎手写木刻本，线装 1 册，内容分为杂剧、传奇、曲选、曲谱、曲话、曲目。后有郑振铎 1937 年 8 月 24 日写的跋。这里展示的是其原刻蓝印本。当时只印了红印本与蓝印本各 20 册，由来薰阁书店代售。

3 《录鬼簿》

横 14 厘米、纵 23 厘米、厚 1 厘米

《录鬼簿》系元代钟嗣成为杂剧、散曲艺人撰写的 部传记，分上、下卷，录 152 人，具有珍贵的文学、史料价值。郑振铎、赵万里、马廉三人于 1931 年 8 月 16 日在浙江宁波访见天一阁旧藏明蓝格抄本《录鬼簿》，当夜三人即分头影写，18 日抄毕。该书为研究中国戏曲史的重要资料，1938 年北京大学出版组将他们三人的抄本影照石印出版，遂得以流传。

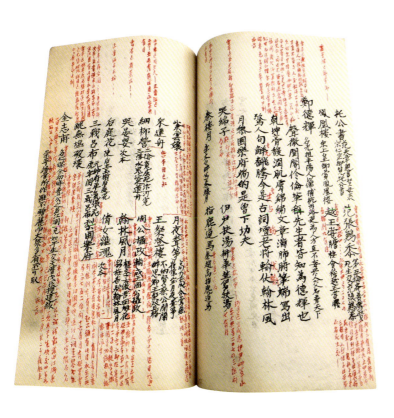

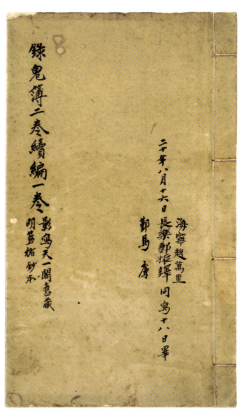

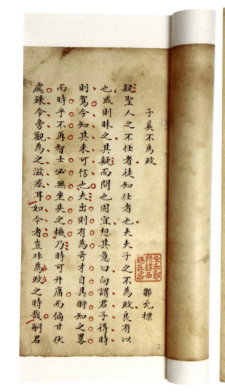

4 | 八股文范文钞本

横 15 厘米、纵 29 厘米、厚 1 厘米

此钞本上有郑振铎藏书印，曾为其所藏。

5 | 《长生殿》

横 17 厘米、纵 27 厘米、厚 1 厘米

人民文学出版社 1954 年 10 月影印出版由郑振铎提供的洪昇《长生殿》藏书，线装，共 6 册。

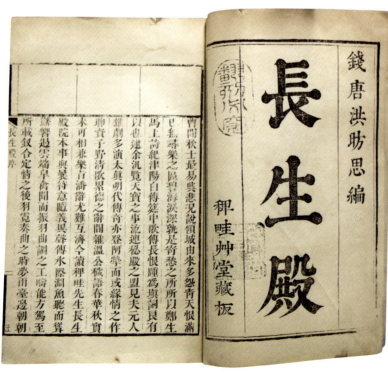

6 墓志铭拓片

横 60 厘米、纵 60 厘米

共两种。郑振铎收藏的友人吴曼公赠与的墓志铭拓片。吴曼公（1895～1979 年），字观海，江苏武进人。擅书画，精碑版。曾任职故宫博物院。

7 | 郑振铎藏书入藏资料

横 20 厘米、纵 29 厘米

1961 年 7 月，上海革命历史纪念馆筹备处向市文化局申请希望将郑振铎藏书加入馆藏的往来函件及郑振铎的部分藏书目录，共选出书籍、报刊、信件等 83 种 351 册。

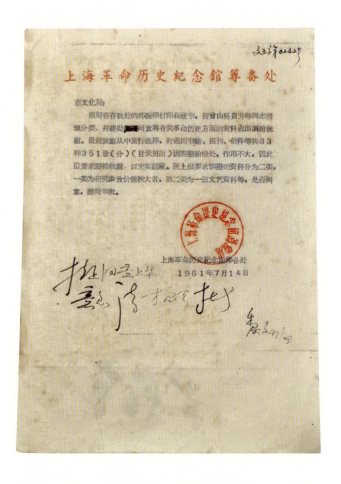

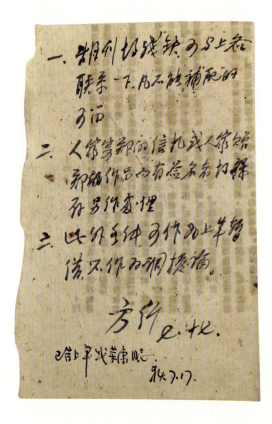

2.

类别	名 称 (卷期)	作编者	出版者	出版日期	册数	备註
报刊	新诗歌 1-5		联合编译社	1947.2-6月	5	
	新文学 1.2			1946.1	2	
	文艺 2.5	茅盾	群益文馆	1946	2	
	文艺丛刊 第2辑			1946.12	1	
	自由丛刊 2.3		香港智识出版社	1947	2	
	论无统一战线	乔冠华	大众文化出版社	1948	1	
	自由世界 2.3.4		国际编译社	1946	2	
	理论与现实 3.4	沈志远主编	新中国书报社刊	1947.3	1	
	求是 3			1948.7	1	
	昌言 创刊号		器之出版社	1946.5	1	
	民主	郑振铎		1945.10	1	
	民主周刊 15期(华北版)		左	1946.12	1	
	附录文			1947	3	
	新时代 2-4. 17.19.20-22		黄幸民发行	1948	6	是沙屋版
	中连声月刊 2.5.6.7-10	环伸发行	新连社		11	12期是(上海版)
	现代新闻 1-6		蔡力行发行	1947	5	
	大众 6.21		左	1947	1	
	文光半月 2			1946	1	
	联合晚报			1946	3	
	救亡日报		里地日报发行	1947	10	
	中美文化 1-5		新文出版	1947-1949	12	
	文讯		华闻发行	1947.1948	11	
	创刊纪 创刊号		人间出版社	1947.6.1	1	

3.

类别	名 称 (卷期)	作编者	出版者	出版日期	册数	备註
报刊	大陆 1.5.6.12	林志英		1903	4	
	新东洋学报 4-5月			1902	8	
	中国画报月报 2.3	高树亮雄		1935.1	1	(日文)
	太戈不传			1933	1	
	新文学概要	吴文祺		1936.4	1	
文件	中国文化界处理学会通知等			1936.6.9	1	
	朱自清手迹			1947.11.4	4封	
	王统照给郑振铎先生的信				8	
	莫啥论				1	
	巴金				1	
	藏克家				1	
	叶圣陶				1	
	沈雁冰				1	
	端木蕻良 李健吾等的信				1	
	中共中央七七九周年宣言提要			1946	1	
	中华全国文艺协会章程				1	
	纪念第二届五四文艺节发言			1946.5.4	1	
	京公楼	胡愈之			1	
	新华社通讯风报(半次刊)			1946.7.7	1	
	李济珠为政革先烈的提案				1	
	三民主义同志联合会第四次政治会议政治报告				1	

4.

类别	名 称 (卷期)	作编者	出版者	出版日期	册数	备注
报刊	学生报 第27期	昆明学联		1946.8.2	1	
	求是周报 第12期	浙江大学学生自治会		1947.7.5	1	
	教育通讯 第14期			1949.4.9	1	
方	赵长方	宣安	南国出版社	1947.4	1	
资料	民主周刊				9	

第二类、一般文艺资料等

45.

类别	名 称 (卷期)	作编者	出版者	出版日期	册数	备註
报刊	文艺生活 2		文生社出版	1946.2.1	1	
	黑色的翅膀(新诗歌社)		唐人出版社刊	1947	1	
	文艺翻译丛书(柳州)	巴金	文艺出版社发行	1947	1	
	越地文艺年鉴(海盐)			1948	1	
	诗 1.2.1		中国诗社	1923	1	
	中国新诗 4-5集			1948	4	
	中国作家 1.2			1948	2	
	水准 1.2			1947	1	
	文艺复兴 1.2.3.6. 1.3.5.6			1946	12	
	经济周报 3.23.24.25. 6.11-19.21-26. 21.22.24.25. 7.1-21.23.			1946 - 1949	68	
	世界知识 12-16.8.9.11.12-15.17.19-22.24. 19-24. 19-21.17.19.20.22. 1.3-6.7.			1946 - 1949	64	

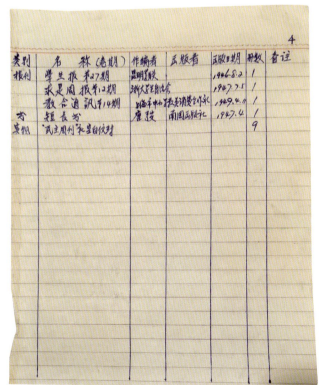

8 | 《中国历史参考图谱》

《中国历史参考图谱》，共 24 辑，有 24 函单页散装、24 册线装（6 册 1 函套）、24 册平装三种。收录各类图片 3003 幅，选录大量从上古直至清代文物的精致照片，上海出版公司 1947 年 3 月至 1951 年 5 月出版。湿版土法摄影，珂罗版手工印刷。郑振铎认为插图可"补充别的媒介（如文字）的不足"，"表现出文字的内部的情绪之精神"。他以渊博的学识，多方搜集了最能反映上古以来各个时代政治、经济、文化等内容的文物图片，取精用弘，披沙拣金，袞编成一部巨著。

（1）横 13 厘米、纵 18 厘米、厚 0.5 厘米

此套"样本"，是 1947 年 2 月下旬上海出版公司印行，收有郑振铎《自序》《各辑内容说明》《中国历史参考图谱出版日期表》《预约中国历史参考图谱办法》等说明文字，并附有图版 4 页、图 12 幅及插图说明等。"样本"的目的为广泛销售，而提前将"样本"送至各书刊销售场所。

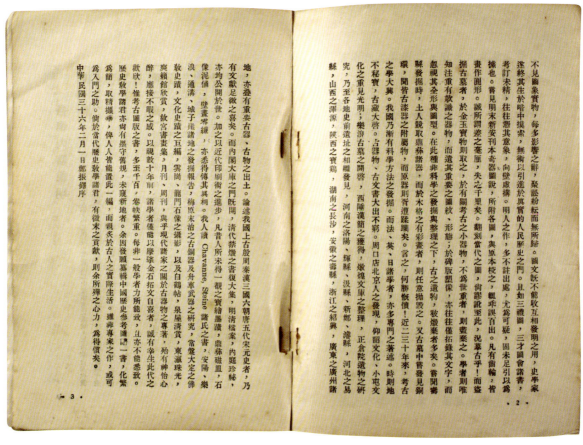

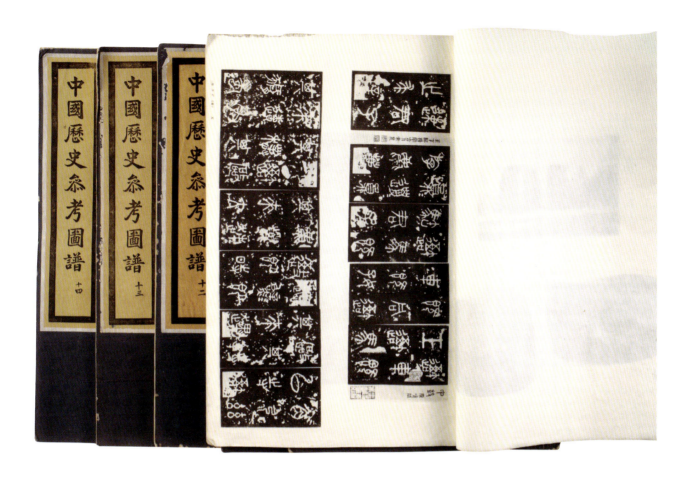

（2）横 27 厘米、纵 38 厘米、厚 1 厘米。
此为正式出版的《中国历史参考图谱》。

9 | 《域外所藏中国古画集》

《域外所藏中国古画集》，上海出版公司，1948年印行。这是郑振铎耗费巨大精力编写的，内容涵盖从中国流散出去藏于世界各国的书画作品，共24辑，24函单页。包含西域画、汉晋六朝画、唐五代画、宋画、元画、明画、明遗民画、明遗民画续集、清画及续集等。大8开，印刷精美，为鉴藏古代绘画不可缺少的工具书。

这里展示的为"唐五代画"至"清画"。

（1）横27厘米、纵40厘米、厚1厘米

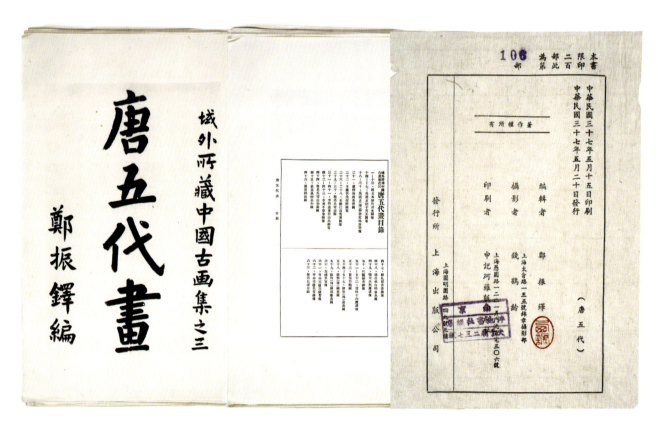

域外所藏中國古畫集之四

宋畫 上輯

鄭振鐸編

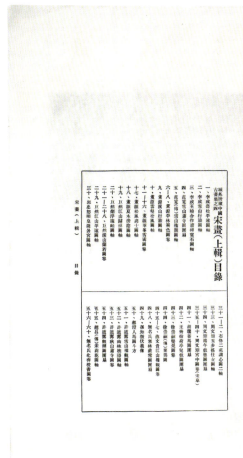

（2）横 16 厘米、纵 39 厘米、厚 1 厘米

（3）横 16 厘米、纵 39 厘米、厚 1 厘米

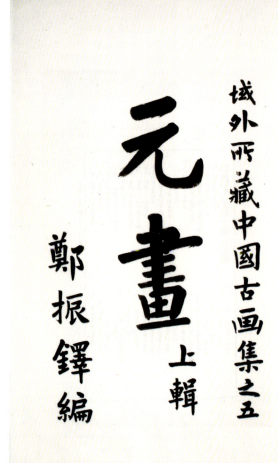

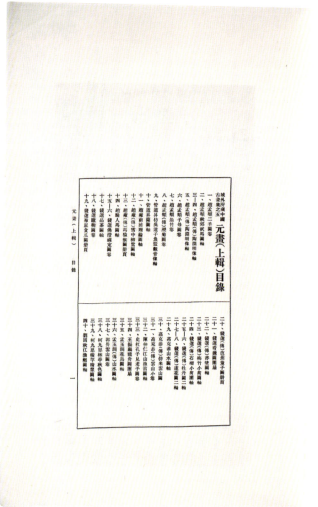

域外所藏中國古畫集之六

明畫 上輯

鄭振鐸編

（4）横16厘米、纵39厘米、厚1厘米

明遺民畫

鄭振鐸編

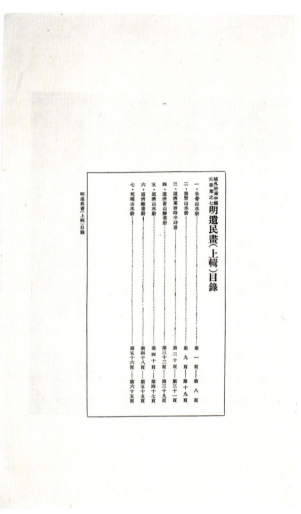

明遺民畫

（5）横 16 厘米、纵 39 厘米、厚 1 厘米

域外所藏中國古画集之七

明遺民画續集

鄭振鐸編

域外所藏中國
古畫集之七 明遺民畫繪集目錄

明遺民畫繪集

目錄

一

（6）横 16 厘米、纵 39 厘米、厚 1 厘米

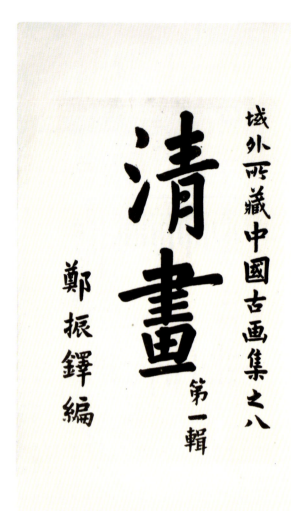

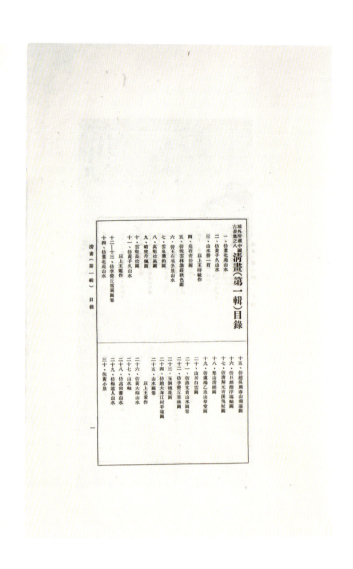

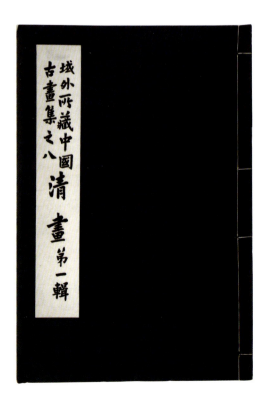

（7）横 16 厘米、纵 39 厘米、厚 1 厘米

10　关于整理文化遗产工作的手稿

横 20 厘米、纵 28 厘米

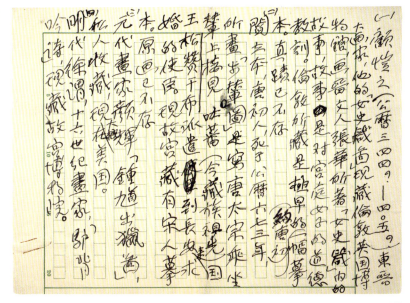

11 | 致吴奎明信

吴鲁星（1893～1975年），字奎明，江苏连云港人。
曾任中国人民政治协商会议新海连市委员会二、
三、四届委员。

横20厘米、纵29厘米

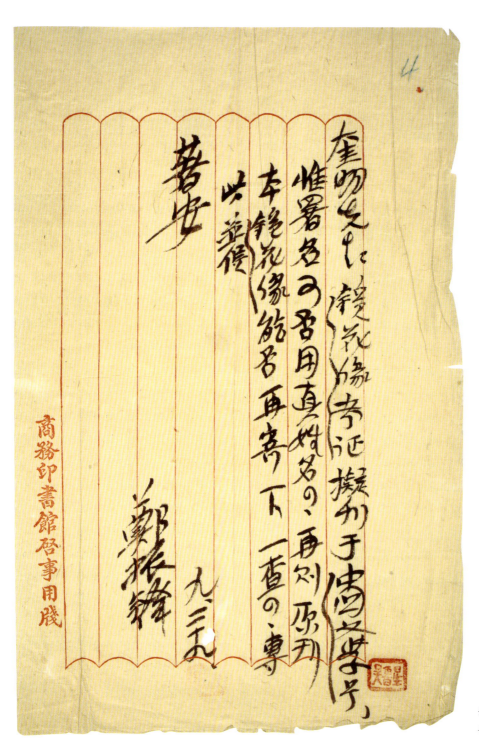

（1）1925年9月29日信
郑振铎询问吴奎明《镜花缘考证》
刊登事宜。

奎明先生：你给本館现搬庆
的信已见到。以致囚于本志
的事，请直接写信给我们，
或另写一信附入信書内，叫
他们封去，不要附写在此处，
以免周折停滞。至要！
《镜花缘》改图，别已告诉图
先生，这可以用了！

但原稿为必要，且有必要
处助加改正。现在为封一包奉上
已于改正誊清后，即寄上，以
便付印为盼！（镜花缘二册呈）
奉函即此顺候
大安

　　　　郑振铎上
　　　　十月十四日

（2）1925 年 10 月 14 日信

郑振铎将修改后的《镜花缘》相关文稿寄给吴奎明。

12 | 致王云五信

王云五（1888～1979 年），名鸿桢，字日祥，号岫庐，笔名出岫、之瑞、龙倦飞、龙一江等。广东香山人。现代出版家、商务印书馆总经理。1921 年起，任职商务编译所。他坚持以"教育普及、学术独立"，编辑《百科小丛书》，出版世人瞩目的《万有文库》

《中国文化史丛书》《大学丛书》等大型丛书，以平民化的出版视角、商业化的经营手段，带领商务印书馆走向新的出版辉煌，为我国近代文化教育事业作出了大量贡献。

横 20 厘米、纵 29 厘米

郑振铎 1933 年 2 月 3 日与王云五商讨书籍出版的付排、宣传等工作事宜的书信。

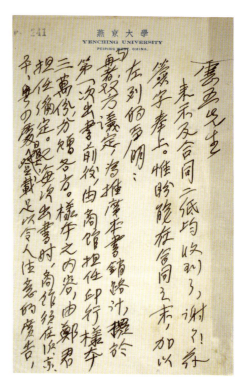
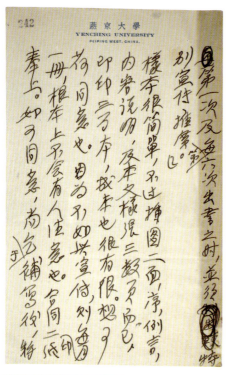
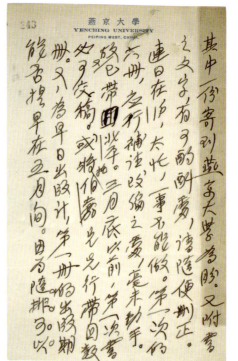
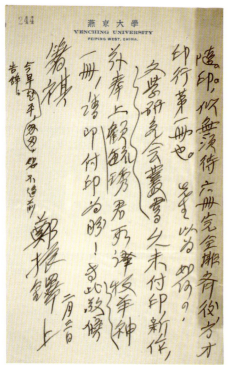

13 | 致夏鼐信

郑振铎分别于 1948 年 9 月 9 日和 12 月 5 日回复作铭（夏鼐原名）有关文物研究的两封信。

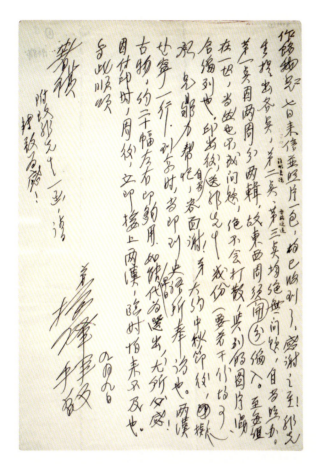

横 20 厘米、纵 29 厘米

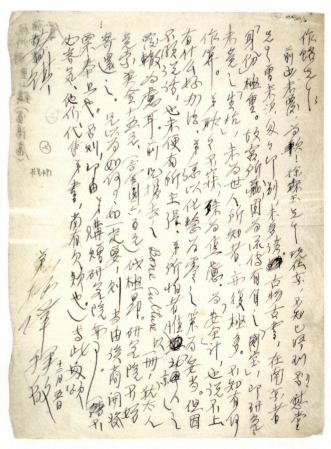

横 20 厘米、纵 26 厘米

文博事业的

开拓者

第一节　开创新中国的文博工作

新中国成立前夕，郑振铎与一批民主人士被党组织从香港秘密接到北京，参加了全国政协会议。新中国成立后，郑振铎先后被任命为中央人民政府文化部文物局局长、文化部社会文化事业管理局局长等职，主管全国文物、博物馆、图书馆工作。当时，百废待兴，而文博事业也是刚刚起步。郑振铎上任后提倡"必须创造出民族形式，社会主义内容的文化艺术"。他立即开展了草拟文物保护法规，制定博物馆、图书馆的工作方针等一系列文博基础工作。这些政策和原则，直到今天都还有积极的指导作用。

郑振铎对保护历史遗留的古建筑极为重视，草拟了"管理暂行办法""修缮保养暂行办法""合理利用暂行办法"三个保护古建筑的条例。郑振铎支持古建筑专家梁思成、林徽因等关于"古城墙是北京历史文化名城不可分割的一部分"的主张，在参加人民代表大会时，郑振铎向毛主席反映了不同意拆除北京古城墙的意见。郑振铎还请周恩来总理来团城视察，把即将拆除的北海团城完整地保护了下来。

郑振铎对于文博事业既有雄心壮志，又真抓实干，对全国各地的古建筑、博物馆、图书馆等进行了广泛的调查研究，做了许多重要工作，以致有人讲他是"好大喜功"。幸亏后来毛主席说"好人民之大，喜人民之功，有何不好"，才算作罢。郑振铎反对在技术条件不成熟的情况下进行古建筑、古墓葬等重要遗址的重修和发掘。

1950 年，中国科学院设立考古研究所，由郑振铎兼任所长，他请夏鼐担任副所长，并说道："我也是平生不惯做行政事的人，但党这样信任我们，为了人民，也不能不努力地做这些事。"夏鼐曾回忆说："他在考古研究所领导工作，给我印象最深的是他做事的气魄……回忆到郑先生的音容言行，便给人以一股勇气和干劲。"郑振铎领导考古研究所期间，特意聘请一批著名的考古专家和文史专家，这便是新中国考古事业的奠基力量。

1 《中央人民政府任命录》

横 15 厘米、纵 21 厘米、厚 5 厘米

《中央人民政府任命录》，中央人民政府人事部 1954 年 10 月编印。其中有关于郑振铎社会文化事业管理局局长任命的记载。

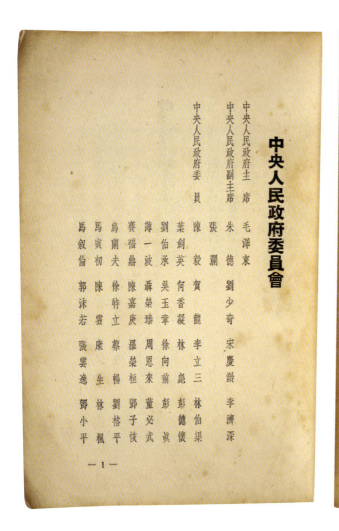

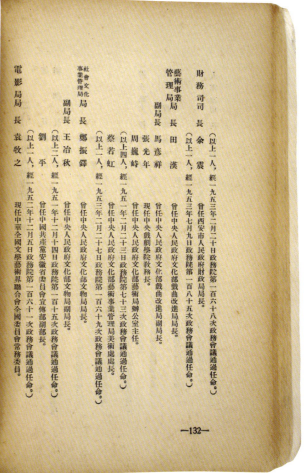

2 | 考古研究所会务纪要

横 20 厘米、纵 28 厘米

1952 年 2 月、3 月、4 月、12 月，中国科学院考古研究所分别召开了第一、二、三、六次
所务会议；1952 年 3 月 8 日，召开了考古研究所第一次全体会议；1953 年 1 月、2 月、4 月、
6 月、8 月、10 月，中国科学院考古研究所分别召开了第一至六次所务会议。这里展示了
以上 11 场会议的会务纪要。上面均有郑振铎与多位著名考古学家的亲笔签名和会议纪要
内容。

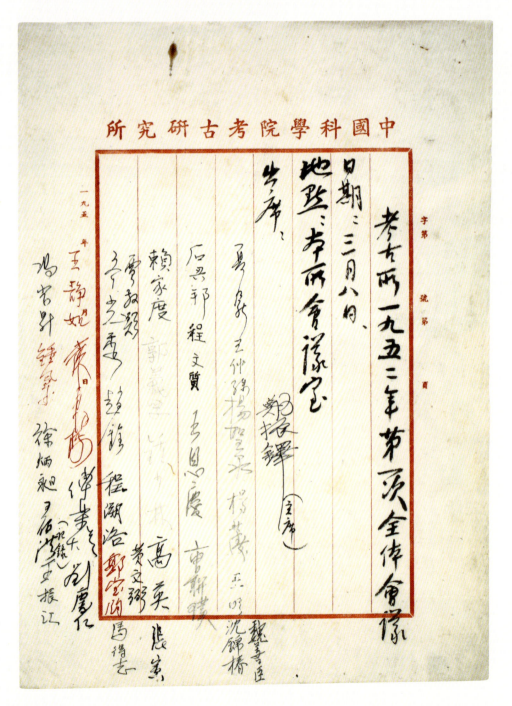

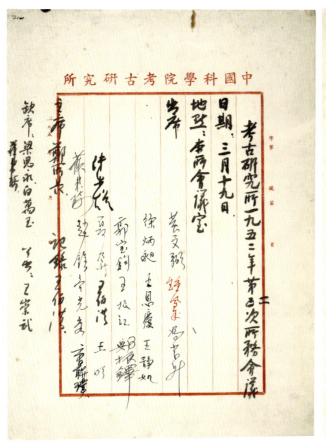

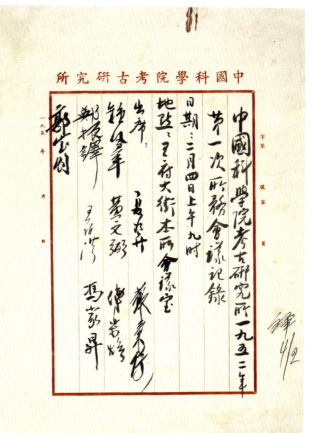

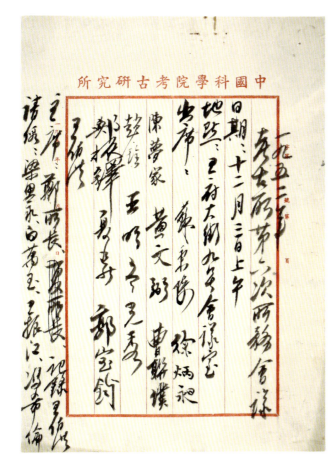

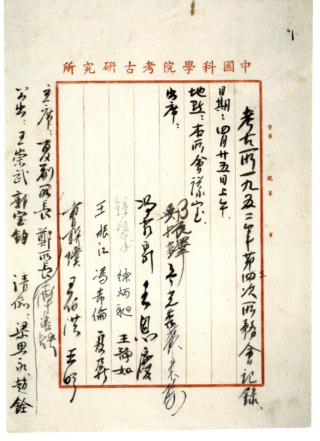

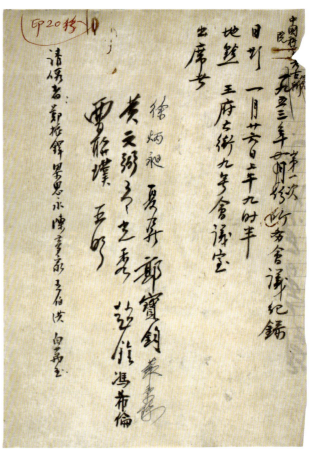

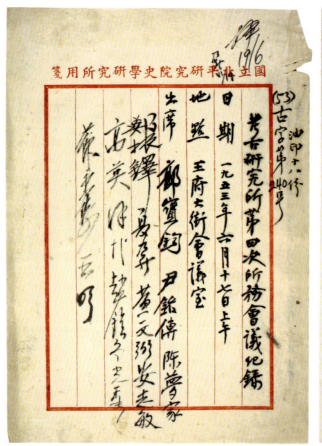

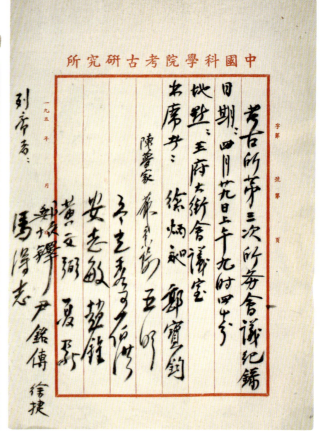

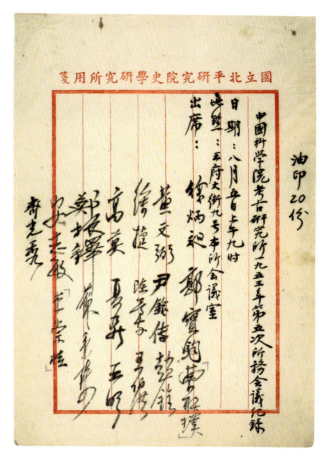

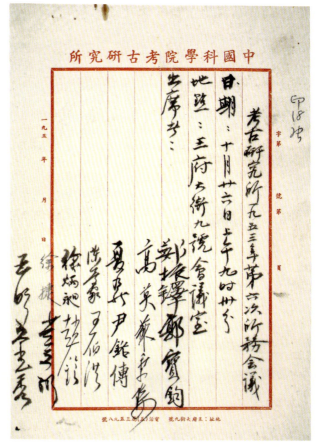

3 | 与毛泽东关于捐赠王夫之手迹的信函

此两封信分别是：1951年12月3日毛泽东主席收到友人姚虞琴
赠送的王船山墨迹，将其捐赠文化部文物局时任局长郑振铎的
亲笔信；1951年12月10日王冶秋代郑振铎局长回复毛主席王
船山墨迹已交故宫博物院收藏的感谢信。
此为两信照片原件。

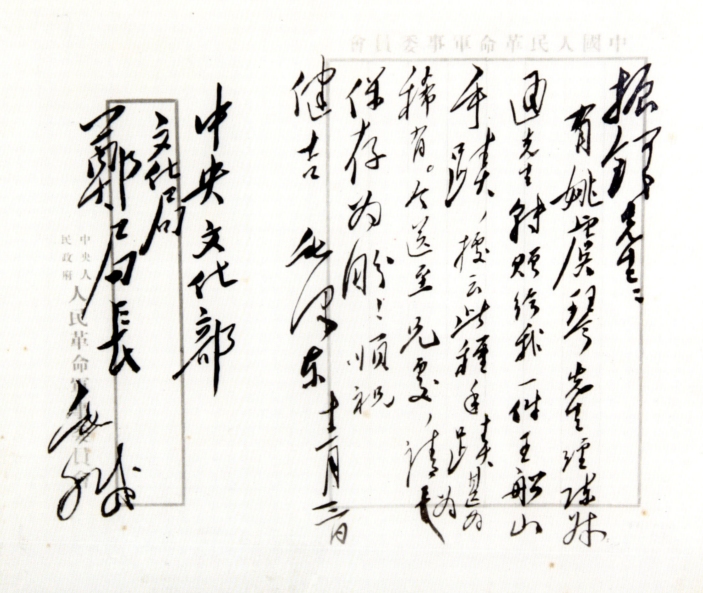

（1）毛泽东致郑振铎的信函

横 16 厘米、纵 12 厘米

主席：你写给郑振铎局长的信
及王船山墨迹一卷，均早收到。国宝
郑局长去印度，治秋去广州澳门办
理赎回押奖外国人的国宝两件（晋
王献之"中秋帖"、王珣"伯远帖"）的事情
返京后才看到来信。墨迹已请专家
鉴定，确系真迹。现已将此卷撥交
故宫博物院收藏，以备陈列。
　　谨报告如上。并致
敬礼！

　　　文化部文物局副局长 王冶秋
　　　　一九五〇年十二月十日

（2）王冶秋代郑振铎复毛泽东的信函

横 12 厘米、纵 16 厘米

第二节　领导文学研究所

郑振铎也是北京大学文学研究所（1955 年划归中国科学院哲学社会科学部）所长，在副所长何其芳的大力支持下，组建了一支力量雄厚的文学理论研究队伍。他或书面邀请，或亲自造访，把一批知名度很高的文学专家请来所里工作，并在后来的各种政治运动中尽力保护了这些老专家。郑振铎还为文学研究所的图书资料建设打下了坚实的基础，将一批重要的图书资料调拨给文学研究所，使文学研究所成为全国名列前茅的藏书单位。

1 | **郑振铎亲笔拟定约稿名单**

横 31 厘米、纵 11 厘米

这是郑振铎 1949 年 11 月 15 日拟出的约稿名单，包括茅盾、翦伯赞等著名专家。

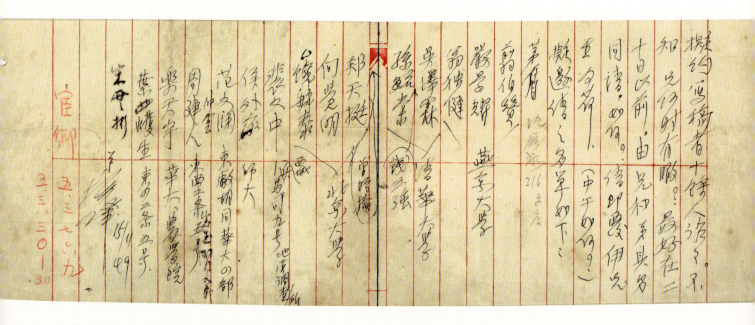

2 │ 《中国文学史》手稿

横 20 厘米、纵 29 厘米

这是郑振铎为文学史讲座所准备的讲稿。查《郑振铎年谱》知，1952 年 7 月 22 日郑振铎在中央文学研究所讲授中国文学史第三讲《秦与两汉文学》，推测此讲稿当写于 1952 年。

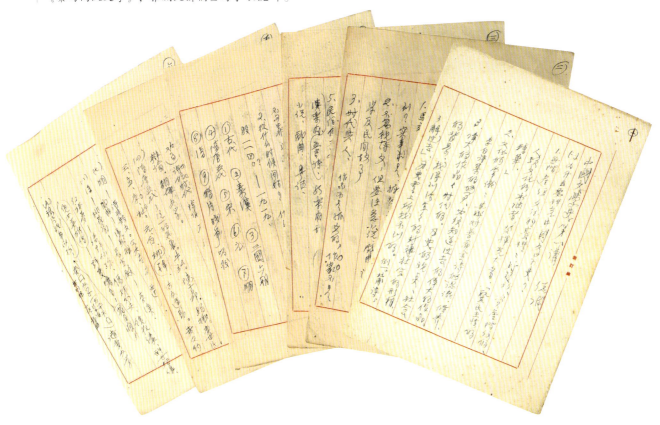

3 │ 苏联文博单位来函

1958 年苏联车尔尼雪夫斯基国家博物馆馆长给郑振铎、何其芳的信封 2 枚。有原件，旁边还有补充的翻译说明。

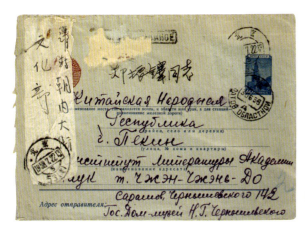

横 16 厘米、纵 12 厘米

横 20 厘米、纵 13 厘米

第三节　组建文物出版机构

　　1956 年，郑振铎任文化部副部长后，随即和接任文化部文物局局长的王冶秋倡议成立文物出版社。他指示从上海收购了国内最先进的印刷设备，高薪聘请了印刷技师，使文物出版社的图书印制质量很快达到国内的最高水平。郑振铎还十分重视文博刊物的发行，权威级国家刊物《文物》《考古》等都是由他倡议创办的。

1 《考古通讯》创办资料

横 29 厘米、纵 20 厘米

《考古通讯》是《考古》杂志的前身，双月刊，1955 年 1 月 10 日创刊于北京。郑振铎为编辑委员会召集人。1959 年改名为《考古》。这组资料乃是创办《考古通讯》时，1954 年 5 月 31 日、6 月 7 日两次召开会议的记录。

2 ｜ 《文物参考资料》

《文物参考资料》是《文物》的前身，1950年1月创刊于北京，由中央文化部文物局主办，文物参考资料编辑委员会编，中央人民政府社会文化事业管理局出版，邮电部北京邮局发行。原为内部刊物，1951年改为公开发行的不定期刊物，1953年改为月刊，从1959年第1期（总101期）起改名为《文物》，由文物编辑委员会编辑。1966年5月停刊，1972年1月复刊。作者收藏8册1950～1957年《文物参考资料》。其中包含了郑振铎组织的"敦煌特辑"（1951年第4期）。

横12厘米、纵17厘米、厚2厘米

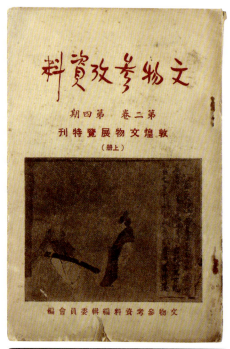
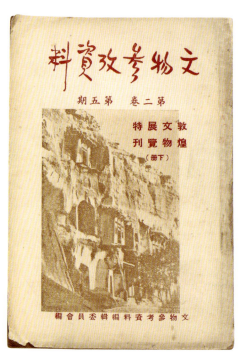

1957 年第 1 期：

横 18 厘米、纵 25 厘米、厚 1 厘米

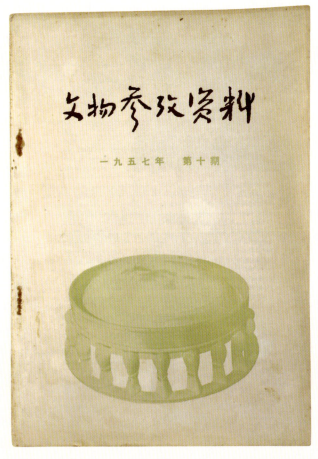

1957 年第 10 期：

横 18 厘米、纵 25 厘米、厚 1 厘米

第四节　整理出版文化遗产

　　郑振铎在繁忙的公务之余，还抽出精力整理出版祖国优秀文化遗产。早在 20 世纪 30 年代，郑振铎就和鲁迅一起整理出版了《北平笺谱》《十竹斋笺谱》等重要图书。新中国成立后，郑振铎继续编写了好几部重要的图录资料。

1 | 《北京笺谱》

横 22 厘米、纵 31 厘米、厚 2 厘米

《北平笺谱》原由鲁迅与郑振铎选辑，1933 年 9 月（实为 1934 年 2 月）北平荣宝斋木刻套色水印出版，共收彩笺 300 余幅，被尊称为"中国木刻史上断代之惟一丰碑"。1958 年郑振铎不幸遇难，为纪念郑振铎，北京荣宝斋复制了《北平笺谱》，易名为《北京笺谱》。

2 | 《十竹斋笺谱》

横 22 厘米、纵 31 厘米、厚 1.5 厘米

继鲁迅与郑振铎联手打造的《北平笺谱》出版后，二人再次联手翻刻水印木刻笺纸集《十竹斋笺谱》，1934 年 12 月初版，北平荣宝斋木刻套色水印，直到 1941 年才出全。《版画丛刊》之一。这里展示的是 1952 年荣宝斋重印本。郑振铎 5 月 14 日作序曰："……时方与鲁迅先生编《北平笺谱》，知燕京刻工足胜复印之责，遂假得之付荣宝斋重刻。时历七载，乃克毕功，鲁迅、孝慈二先生，均不及见其成矣。今又经十余年，即此重刻之本亦不可得。荣宝斋新记欲再版行世，予尝获此谱第二部于淮上，以较前刻，凡第一部阙佚之页，一一俱在。遂加补刻，终成完帙。我国彩色木刻画具浓厚之民族形式，作风健康晴明。或恬静若夕阳之明水，或疏朗开阔若秋日之晴空，或清丽若云林之拳石小景，或精致细腻若天方建筑之图饰，隽逸深远，温柔憨厚。表现现实或不足，而备具古典美之特色。推陈出新，取精于弘，今之作者，或将有取于斯谱。"

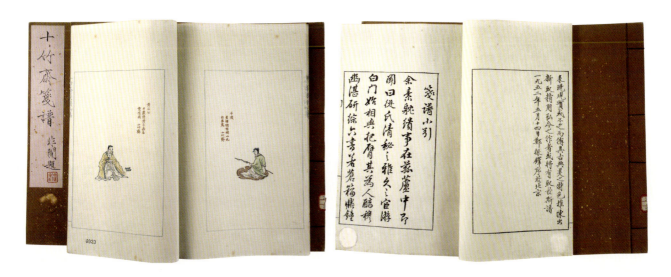

3 　《荣宝斋新记诗笺谱》

横 21 厘米、纵 31 厘米、厚 2 厘米

这也是郑振铎支持荣宝斋制作完成的。1951 年 8 月 23 日郑振铎为此书作序："在一九三三年左右，鲁迅先生和我谈起北京的诗笺，有很好的图样，值得保存，我们便开始搜罗笺样。……荣宝斋所刻的齐白石诸家的诗笺是另具风格的，从细致到豪放、从精工到活泼生动，进步相当的大。在十多年前，他已将所刻的笺纸择其精者二百幅编为荣宝斋诗笺谱出版，这是中国版画史上的计程碑之一，自有他的意义与价值，在今日也还值得再版，特别是北平笺谱绝版已久，无法再印，有此一书探讨三四十年前版画史的人也就有一部份材料可以依据了，我们应该欢迎这部书的再版出来。"该书后延至 1957 年 11 月方才由荣宝斋出版印行。

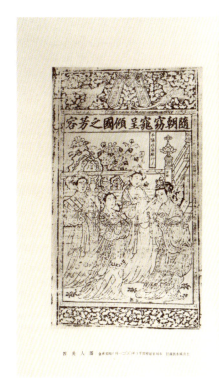

四美人图 金承安间（一一二○○年）平阳徐家刊本 甘肃黑水城出土

又号武穆王陵 金承安间（约一二○○年）平阳徐家刊本 甘肃黑水城出土

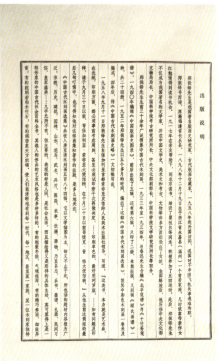

4 《中国古代木刻画选集》

横 25 厘米、纵 37 厘米、厚 1 厘米

这是郑振铎从古籍中选择版画编辑而成。郑振铎自
1939 年至 1947 年，陆续编选影印出版了线装二十多
册的《中国版画史图录》，共收版画 1000 余幅，从
唐至清的典籍、佛经、小说、戏曲等古书的插图以及
画谱、笺谱里博采精选，编成中国版画第一部最重要
的史料书。1952 年，他又花费五个多月时间，从这
部图录里精选出 300 余幅代表作，再加上精心补充的
200 余幅作品，编成《中国古代木刻画选集》。本书
郑振铎于 1952 年即编好，因关于中国古代木刻史的
文字部分未写好，故当时未交出版；后作者于 1956
年完成文字部分，交出版社后，又因种种原因未能出
版。1985 年由人民美术出版社整理其遗稿并分线装 9
册出版。

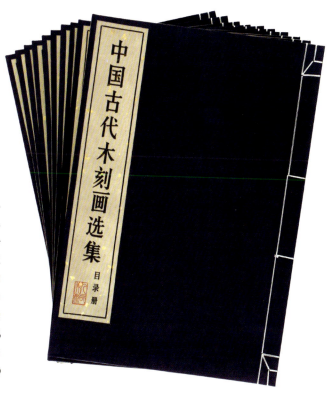

5 《中国版画选》

横 20 厘米、纵 34 厘米、厚 3 厘米

这也是郑振铎从古代版画中挑选编辑的。本书于 1958 年 6 月 7 日由郑振铎题序、北京荣宝斋印制，共两册。序言中简述了中国版画的历史，指出："这部相当浩瀚的版画集，也便是出于荣宝斋的工人们之手，有许多幅不仅逼肖原本，甚至超过了他们，它简要地集中了这一百六十七幅的古代版画的代表作品，一方面说明中国版画的长期的历程，另一方面便介绍了中国版画的优良传统，作为新的版画作者们的观摩之资。"

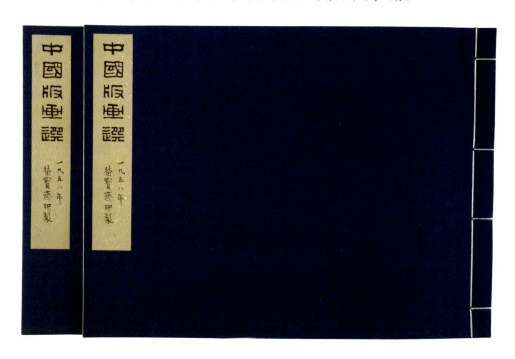

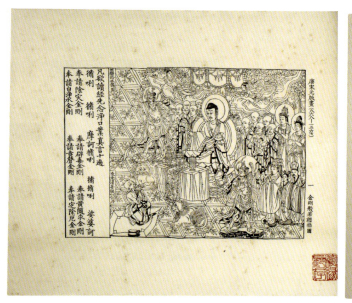

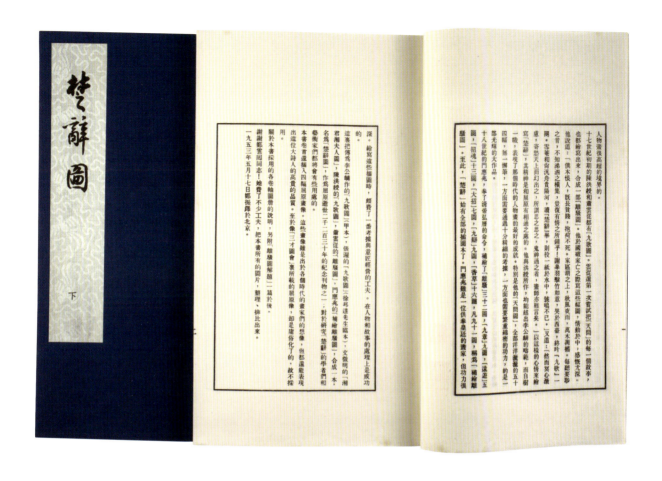

6 《楚辞图》

横 22 厘米、纵 31 厘米、厚 2 厘米

《楚辞图》，上、下册，郑振铎收集整理，1953年人民文学出版社初版，珂罗版印刷。这是郑振铎很欣赏的一部古代木刻图集，选自宋代以来至清代门应兆所绘各图，合为一辑，为《离骚》图集较全之本。郑振铎1953年5月17日为之题序。

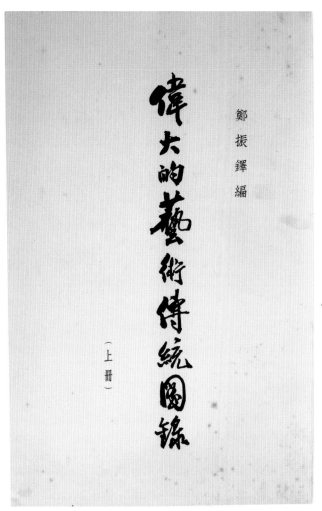

7 《伟大的艺术传统图录》

横 27 厘米、纵 39 厘米、厚 3 厘米

《伟大的艺术传统图录》是郑振铎精心制作的一部全面概括中国各方面艺术的图录，1951 年 9 月至 1952 年 7 月上海出版公司初版，是建国初期中国艺术史图录代表作，也是精美的珂罗版印刷品。该书按年代分为 12 辑，12 函单页散装，收录各时期有代表性的中国艺术品共 198 件，其中珂罗版图版 146 张。

这里展示的是 1956 年 10 月北京中国古典艺术出版社重印版，前有郑振铎 1952 年 7 月 10 日的题序。

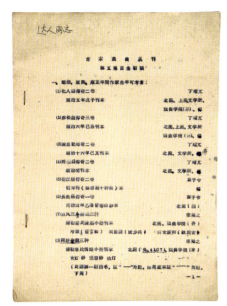

横 20 厘米、纵 27 厘米

横 31 厘米、纵 21 厘米

8 《古本戏曲丛刊》

《古本戏曲丛刊》，戏曲作品总集，《初集》于 1953 年 8 月付印，1954 年 2 月出版，商务印书馆上海印刷厂代印。该丛刊由郑振铎、吴晓铃、赵万里、傅惜华等人组成的"古本戏曲丛刊编刊委员会"名义印行，实际由郑振铎一人主编，为中国戏曲研究者的内部参考资料。书内收录元、明两代传奇（间有杂剧）共 100 种。

这里展示的《古本戏曲丛刊》是书籍编纂期间几个版本的油印修订稿本，并不是正式出版物。

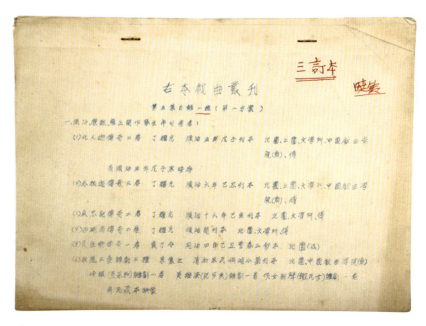

横 31 厘米、纵 21 厘米

第五节　书信

　　郑振铎一生交友广泛，新中国成立后，由于工作关系，与文化名人多有工作、生活方面的交流。这些书信反映了他对文物、考古、文学等方面的意见，具有重要的史料价值。

1 | 致夏鼐信

夏鼐（1910～1985年），原名作铭，浙江温州人，考古学家、社会活动家，新中国考古工作的主要指导者和组织者，中国现代考古学的奠基人之一，中国科学院院士。
这是一组郑振铎致夏鼐的书信，内容涉及文物管理、考古业务等诸多工作方面，史料价值弥足珍贵。

横 20 厘米、纵 29 厘米

（1）1949 年 10 月 30 日信
郑振铎邀请夏鼐担任古物处处长。

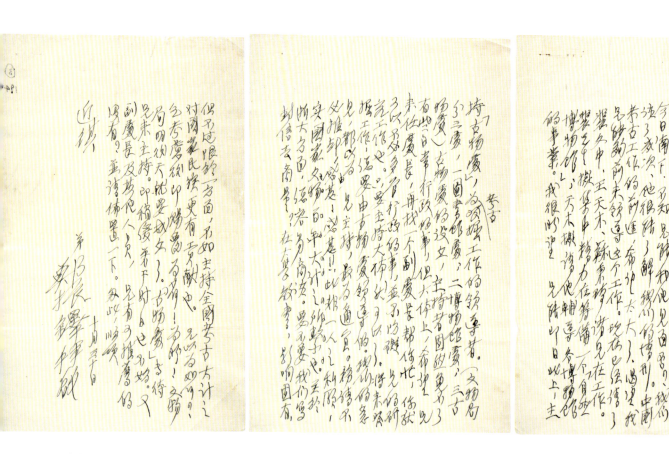

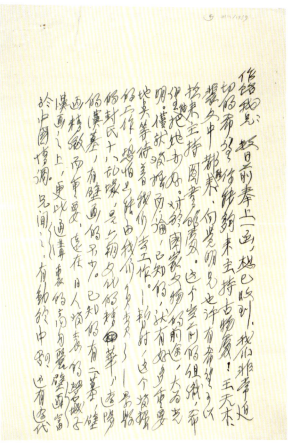

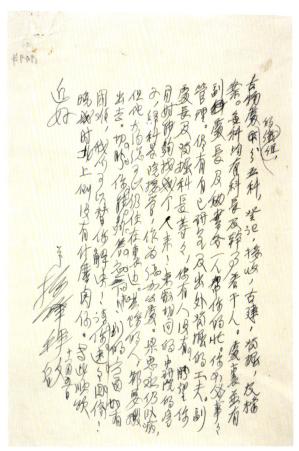

（2）1949 年 11 月 5 日信

郑振铎与夏鼐商讨古物处的组织架构，初步确定人员。

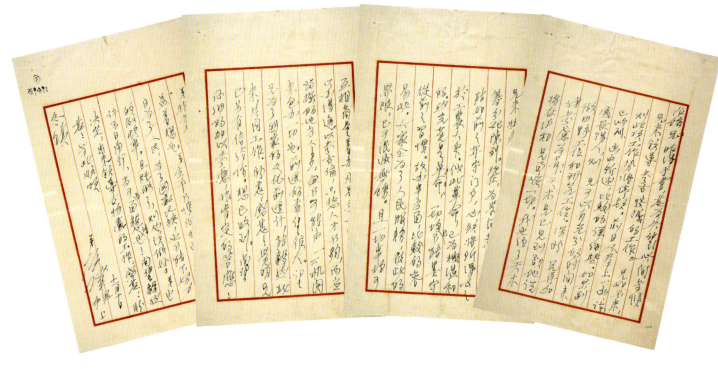

（3）1949 年 11 月 10 日信

郑振铎劝夏鼐再次考虑任古物处处长一职。

（4）1949 年 12 月 27 日信

郑振铎再次邀请夏鼐来京任古物处处长。

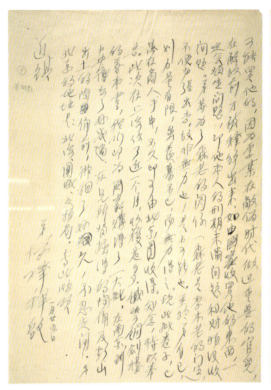

（5）1950 年 1 月 25 日信

郑振铎回应夏鼐关于李家敦煌卷子事宜。

（6）1950 年 6 月 27 日信

郑振铎询问夏鼐旅费是否收到。

（7）1950年11月21日信

郑振铎与夏鼐等同志商讨预算问题。

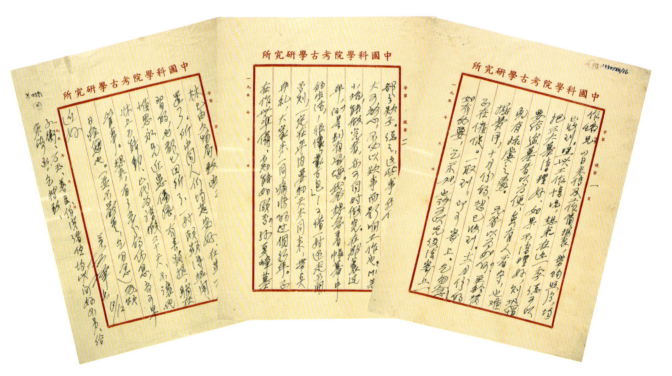

（8）1950年12月13日信

郑振铎与夏鼐商讨文物发掘相关事宜。

（9）1951年4月7日信

郑振铎请夏鼐将《标本处理办法》油印后发送法院。

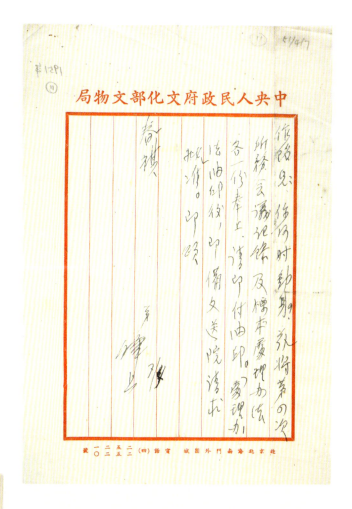

（10）1956年3月25日信

郑振铎与夏鼐商讨保护遗址事宜。

（11）1956 年 11 月 22 日信

郑振铎在南方视察时将文物考察情况与夏鼐进行交流。

（12）1957 年 9 月 28 日信

郑振铎于索菲亚参观地方博物馆与考古研究所后致夏鼐的
书信。

（13）1957 年 10 月 16 日信

郑振铎于布拉格致夏鼐函，同意在捷克做两次关于中国考古工作报告。

（14）1957 年 11 月 10 日信

郑振铎于莫斯科适逢十月革命十周年纪念致夏鼐的书信，并询问所里相关工作情况。

2 | 致梁思永信

梁思永（1904～1954年），广东新会人，中国现代考古学家。1948年获选为中央研究院第一届院士；1950年被任命为中国科学院考古研究所副所长。梁思永是中国第一个受过西方的近代考古学正式训练的学者，是中国近代考古学和近代考古教育开拓者之一，近代田野考古学的奠基人之一。

横20厘米、纵29厘米

（1）1951年5月7日信

郑振铎通过各种关系寻找李氏藏有的明刊原本《天工开物》，并询问梁思永关于《促使科学研究工作联系实际》一节的看法是否妥当。

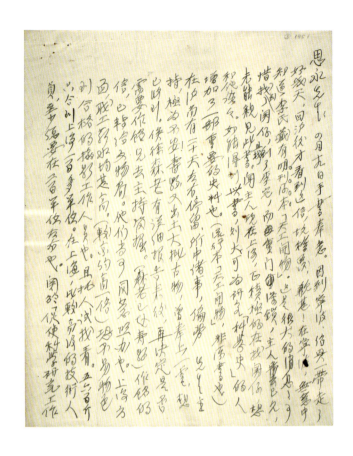

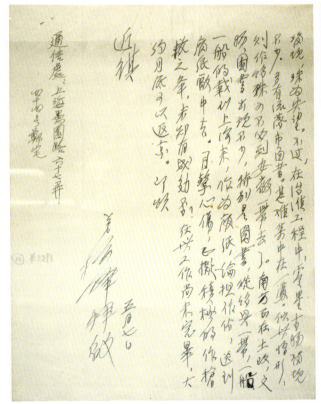

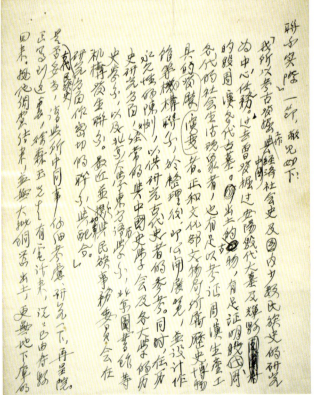

（2）1951 年 5 月 30 日信

郑振铎邀梁思永一起取得古籍。

3 | 致夏鼐、梁思永信

横 20 厘米、纵 29 厘米

（1）1951 年 9 月 30 日信

郑振铎去广东考察并询问梁思永和夏鼐考古所明年预算是否完成、《史学集刊》七期是否出版等工作事宜。

（2）1951年10月25日信

郑振铎致梁思永和夏鼐谈及自己在印度的考古工作并牵挂所里同志们工作情况的书信。

思永

作铭兄：在港曾寄上一信，想已收到。七日由香港上船，十一日到新加坡。在新停了五天，十六日又开船，十七日到槟榔屿，在那里又停了四天。二十二日到仰光。现在仰光停了三天，听说还要有两天才能开船呢。好在天天下船到岸上去玩，吃中国菜，看电影等，也不觉得停留之久。到印度之期，当在本月底。（将）游了"五印度"之后，约在十二月中旬到仰光。一月中，当了却夙愿，一路上风平浪静，眠食均好，乞释念！作铭兄已赴长沙吗？子衡、秉琦二兄想均已分别出发，西郊的古墓，有重要的发现吗？均以为念！印度的考古工作，相当的有成绩，须要想法子搜集其重要的报告集。思永兄近来的身体如何？天气渐冷，千万珍摄为要！仰光的佛教势力很大，到处都是僧侣，披着一袭黄色的装，便了乞食无忧，人人竞以"布施"求福，故僧侣遍地皆是，也是我们所难了解的。静如、菊身是往回京了？果堃也已回来。荣武兄近来工作如何？均以为念！晤时，均乞代为问候，为感！在旅途中，本想写些东西。可是执笔茫然，又无可写，只能看看书而已。此外，则常于清晨朝阳初升和黄昏夕阳西下时，倚栏望海，观云彩的无穷变化，亦一乐也。即候

近好！

弟 铎 上

十月二十五日

4　致吴仲超、陈乔信

吴仲超（1902~1984年），又名兰久、铿，上海浦东人。曾任中共华东党校副校长兼华东人民革命大学副校长、中华人民共和国文化部部长助理、故宫博物院院长兼党委第一书记等。陈乔（1912~2004年），笔名半桥，河北保定人，大专学历，北平"左联"成员，著名书法家，曾任故宫博物院副院长、中国历史博物馆副馆长等。

横 20 厘米、纵 29 厘米

郑振铎于1956年4月2日请吴仲超、陈乔考虑多做些龙门石窟雕像的模型，集中在故宫博物院的文物要分些藏列到兰州的信。

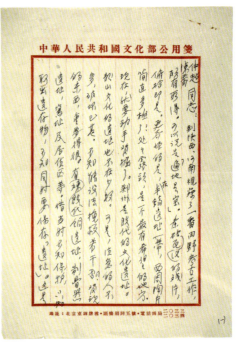

5 致唐弢信

唐弢（1913～1992 年），原名唐端毅，曾用笔名风子、晦庵等，浙江镇海人。中国社会科学院文学研究所研究员。著名作家、文学理论家、鲁迅研究专家和文学史家。民国期间，唐弢与郑振铎过往密切，为拯救古籍、传承中华优秀传统做了大量工作。

20 世纪 50 年代，郑振铎兼任文学研究所所长期间，致力于延揽人才、图书资料建设和制订工作规划并实施。而唐弢 1951 年任华东文物处副处长兼《文艺阵地》副主编，1953 年任作协上海分会书记处书记、《文艺月报》副主编，1955 年任上海市文化局副局长，经历与郑振铎极为相近。二人多有业务书信往来。

横 20 厘米、纵 29 厘米

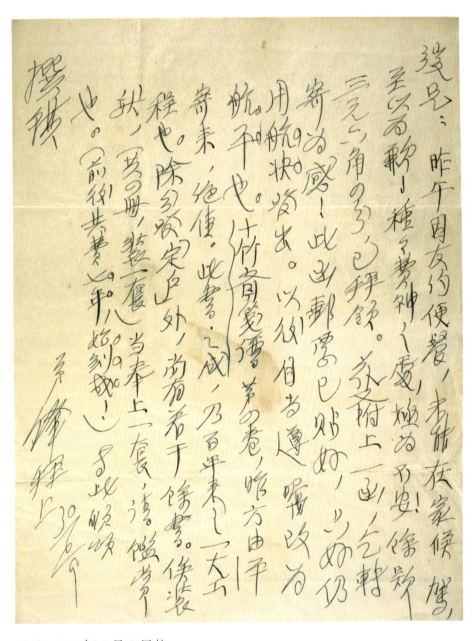

（1）1941 年 6 月 9 日信

郑振铎收到《十竹斋笺谱》并打算奉给唐弢一套以来观赏。

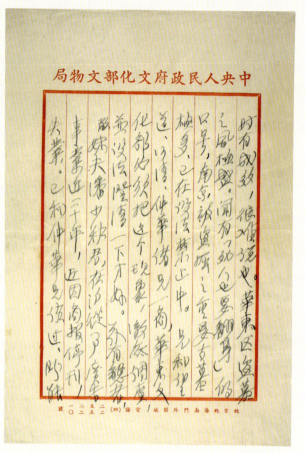

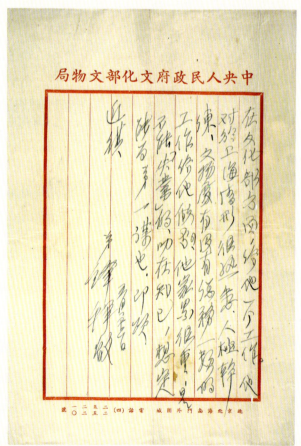

（2）1950年5月20日信

郑振铎希望唐弢调查华东区盛行的盗墓之风。

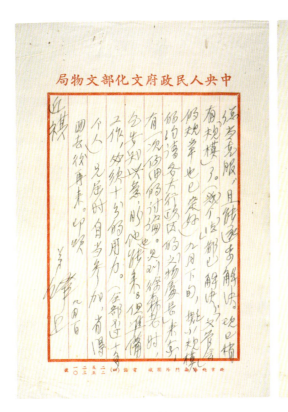

（3）1950 年 9 月 1 日信

郑振铎希望和唐弢面谈华东文物工作。

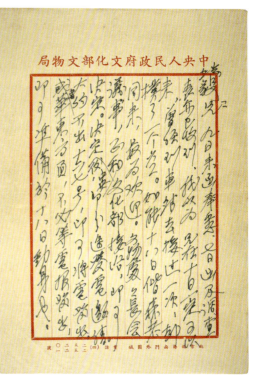

（4）1950 年 9 月 11 日信

郑振铎前去接洽唐弢和徐森玉，希望早日面谈工作事宜。

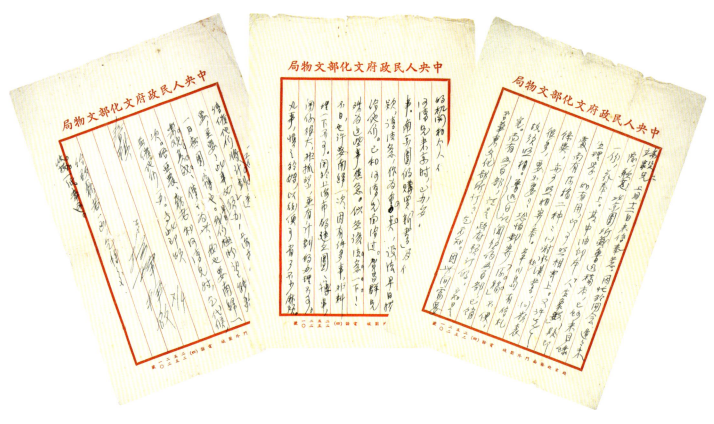

（5）1951 年 4 月 7 日信

郑振铎呼吁唐弢在上海市设立一个大型公立图书馆和博物馆。

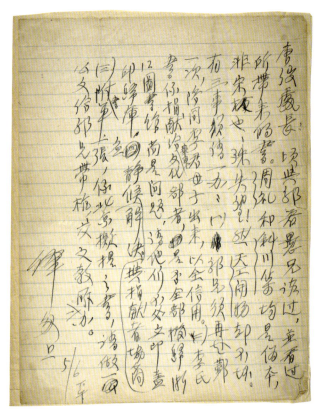

（6）1951 年 6 月 5 日信

郑振铎收到唐弢带来的《天工开物》、宋版《周礼》、苏过《斜川集》等古籍。

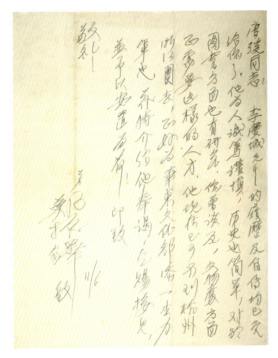

（7）1951 年 6 月 11 日信

郑振铎向唐弢引荐李庆城去华东文化部工作。

（8）1951 年 6 月 11 日信

郑振铎感谢唐弢的帮忙并推荐唐弢多和徐森玉（信中：森老）接触。

（9）1951 年 7 月 7 日信

郑振铎与唐弢商讨有关《郁达夫诗》暂缓出版等工作事宜。

（10）1952 年 5 月 29 日信

郑振铎希望唐弢将《伟大的艺术传统图录》编完。

（11）1957 年 11 月 18 日信

郑振铎于列宁格勒参观冬宫的博物馆看到众多中国古文物。

6 致隋树森信

隋树森（1906～1989 年），字育楠，山东招远人，元曲研究专家。新中国成立后，长期担任人民教育出版社的编辑工作，曾编辑出版《全元散曲》《元曲选外编》。

横 20 厘米、纵 29 厘米

郑振铎 1947 年 9 月 3 日回复隋树森，谈及影印善本曲子并计划印一套《散曲集》等事宜。

7 | 致王任叔信

王任叔（1901～1972 年），号愚庵，笔名巴人等，浙江奉化人。1954 年任人民文学出版社副社长、总编辑，1957 年任社长兼党委书记。著有《文学论稿》《印度尼西亚历史》等。

横 20 厘米、纵 29 厘米

（1）1957 年 2 月 27 日信

郑振铎与王任叔商讨《希腊神话》、《插图本中国文学史》何时发稿及书内插图事宜。

（2）1957 年 5 月 21 日信

郑振铎询问王任叔《插图本中国文学史》和《中国文学研究》排版情况。

8 致女儿女婿的家信

郑小箴（1927～2003 年），上海人。我国著名摄影记者。她的作品《阿尔及利亚民族女英雄贾·布依海德和中国儿童在一起》荣获 1963 年荷兰世界新闻摄影展览荣誉奖。曾为中央首长、为祖国的建设和发展拍摄了大量的照片，纪录了新中国社会主义建设的成就以及众多重大的历史瞬间，也真实记录了新中国第一代领导人的生活。

萨空了（1907～1988 年），蒙古族，笔名了了、艾秋飙，四川成都人。著名新闻记者、新闻学家。擅长艺术理论。曾任人民美术出版社社长，新闻总署副署长兼新闻摄影局局长、出版总署副署长，国务院民族事务委员会副主任、全国政协常委副秘书长，中国民主同盟副主席、全国政协副秘书长等职。著有《科学的新闻学概论》《科学的艺术概论》《宣传心理研究》等。

横 20 厘米、纵 29 厘米

（1）1955 年 6 月 23 日信

郑振铎嘱咐女儿生活节俭的家书，反映了郑振铎勤俭节约的家风。

（2）1956年3月31日信

郑振铎在信中描写在西安、洛阳、郑州等城市参观研究文物、遗址的感想。

（3）1958年5月7日信

郑振铎在信中对丰富、美妙、生动的千佛洞壁画表达了由衷赞叹。

第六节 对外文化交流

　　为了介绍宣传新中国的文化建设成就，增进与各国人民的友好情谊，郑振铎多次率领新中国文化代表团访问当时的社会主义国家和亚非各国，并接待这些国家来华访问的文化代表团。

　　本辑所收录的仅是一些郑振铎出访的点滴。

1 《友谊花朵处处开》文化交流相册

横 38 厘米、纵 30 厘米

《友谊花朵处处开》为新中国成立之初的对外文化交流相册，由中国图片供应社 1955 年 11 月编制。其中有郑振铎出访的照片。

108

17. 各国艺术团体的精彩表演获得中国观众的热烈赞扬。这是在缅甸联邦文化代表团演出结束以后，中华人民共和国文化部代理部长钱俊瑞、副部长郑振铎到后台去祝贺他们演出的成功。
邹健东摄

29.访问印度尼西亚的中国文化代表团曾在雅加达"独立广场"举行露天演出。观众有五万人。这是中国文化代表团郑振铎团长和周而复副团长等入场时，受到观众欢迎的情形。

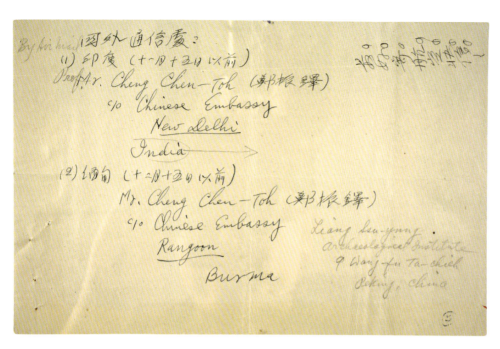

2 | 手书国外通讯处

横 30 厘米、纵 20 厘米

1951 年

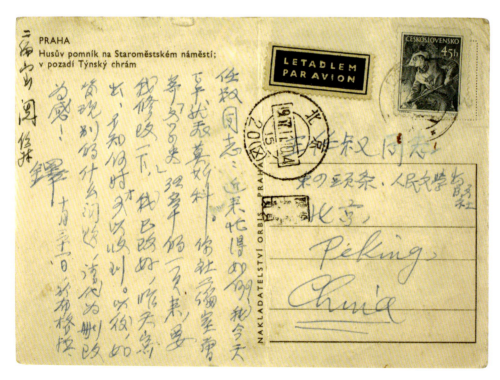

3 | 出访时寄回国内的明信片

横 23 厘米、纵 17 厘米

这是 1957 年出访时从国外寄给王任叔的明信片，说是郑振铎已改好王
任叔寄来的《文学史》的一页并已寄回国内。

追悼与怀念

第一节 | 沉痛追悼

　　1958 年 10 月 17 日，郑振铎率领中国文化代表团出国访问途中，因飞机失事他与蔡树藩等 16 位中国代表团的同志全部遇难。噩耗传来，震惊全国，10 月 31 日，首都各界代表隆重举行了追悼大会。王冶秋、赵朴初、叶圣陶、郭沫若等均为郑振铎题悼诗。

1 | 王冶秋悼诗

劫余文物费周章，九载辛勤筹划忙。
事业如今新气象，我君辛苦不能忘。
九年共事在京华，笔不停挥手不暇。
遥忆长空灰烬里，几多心血付天涯。

2 | 赵朴初悼诗

风急天高。何期一别，万古云霄？
手抚新编，神瘁诗句，曾费推敲。
廿年往事如潮。风雨夜盘餐见邀。
肝胆文章，和平志业，耿耿星遥。

3 | 叶圣陶悼诗

论交卅载如兄弟，死别经年何日忘。
水库习劳昕夕共，定陵并辔指陈详。
尽贻丰辑归京馆，行见遗闻贵洛阳。
国庆良辰怀更切，故人恨不与联翩。

4 | 郭沫若悼诗

万里乘风八月槎，惊传瞬息坠天涯。
同行英杰成雄鬼，一代才华化电花。
人百其身如可赎，天原无眼漫兴嗟。
好将群力追前驷，读破遗书富五车。

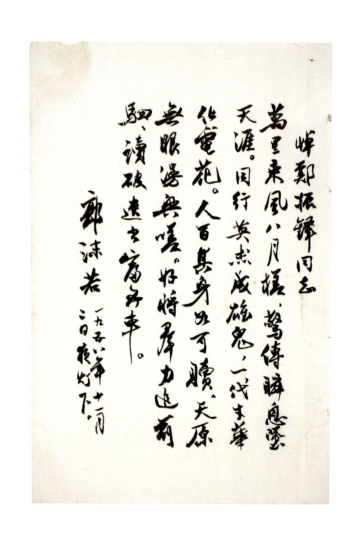

5 | 悼念郑振铎先生专辑

横 17 厘米、纵 26 厘米

6 | 郑振铎追悼大会《文汇报》剪报

横 20 厘米、纵 29 厘米

此为 1958 年 11 月 1 日《文汇报》报道郑振铎、隋树森等追悼大会的剪报。

整理与传承

　　郑振铎逝世后，他生前已经开始编辑的《郑振铎文集》经过更广泛的收集整理相关资料，得以出版。《郑振铎全集》的编辑出版，对于研究传承郑振铎这位"百科全书"式的人物的思想是十分必要的。在编辑文集的过程中，他的许多老朋友都给予了积极的支持，提供了许多珍贵的资料，为文集的出版做出了重要的贡献。

1 ｜《郑振铎文集》手书目录

横 20 厘米、纵 27 厘米

约 1957 年

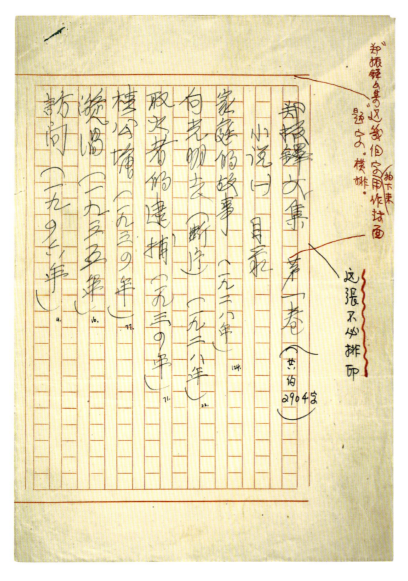

2 ｜《郑振铎文集》编辑委员会来往信件

（1）王伯祥致人民文学出版社编辑部的信
横 20 厘米、纵 29 厘米

王伯祥（1890～1975年），江苏苏州人。现代文史研究家。名钟麒，字伯祥。早年供职于厦门集美学校、北京大学中文系、上海商务印书馆、开明书店等。"文学研究会"成员，与郑振铎为莫逆之交。新中国成立后，应郑振铎之邀，出任北京大学文学研究所研究员。

此信是 1959 年 9 月 29 日王伯祥对人民文学出版社发来的《郑振铎文集》稿件提出的修改建议，并奉上自己与郑振铎来往信件作为文集素材。

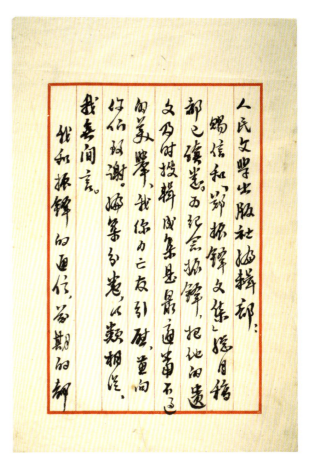

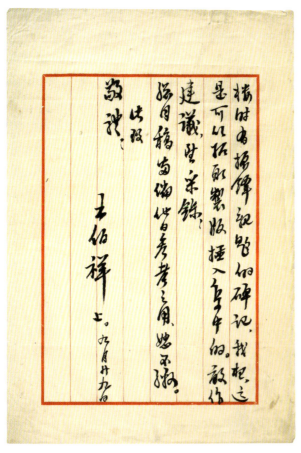

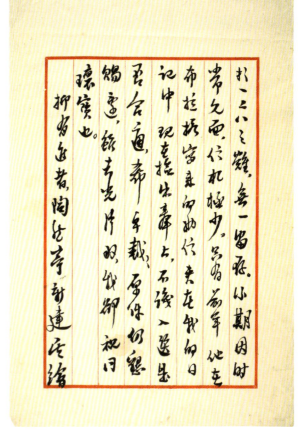

（2）王伯祥致楼适夷、方殷等同志的信

楼适夷（1905~2001年），原名楼锡春，浙江余姚人。现代作家、翻译家、出版家。曾从事左联和文总党团工作，历任新华日报社副刊编辑、中华全国文艺界抗敌协会理事、新华日报编委等，新中国成立后，历任出版总署编审局副处长、人民文学出版社副社长和副总编辑等。

方殷（1913~1982年），原名常钟元，笔名芳茵，河北雄县人。现代诗人。民进成员。20世纪30年代步入文坛，历任《少年先锋》《科学新闻》《诗歌杂志》编辑，南京《金陵日报》特约记者等职。新中国成立后，他先后在三联书店、人民文学出版社工作。

横 29 厘米、纵 20 厘米

此信是 1962 年 7 月 11 日王伯祥读完《郑振铎文集》第二卷后提出的编辑标准及针对郑振铎个人文集的参考意见。

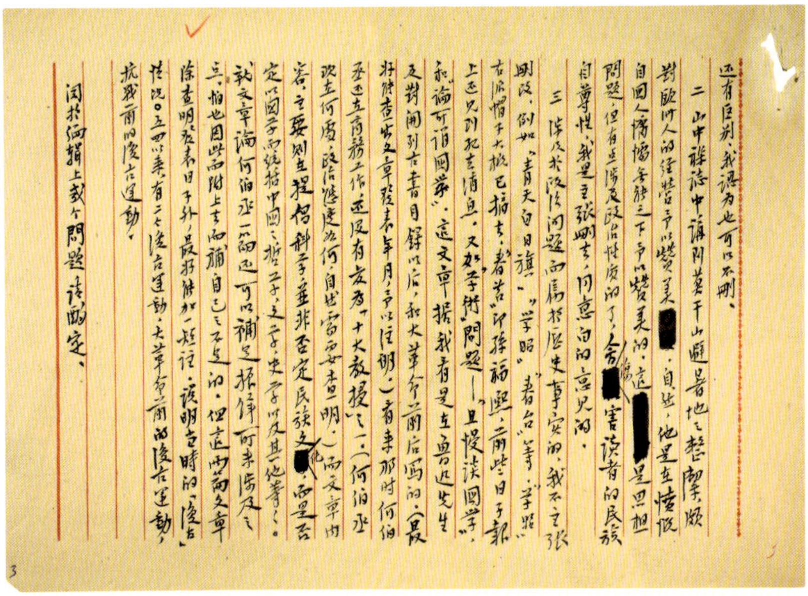

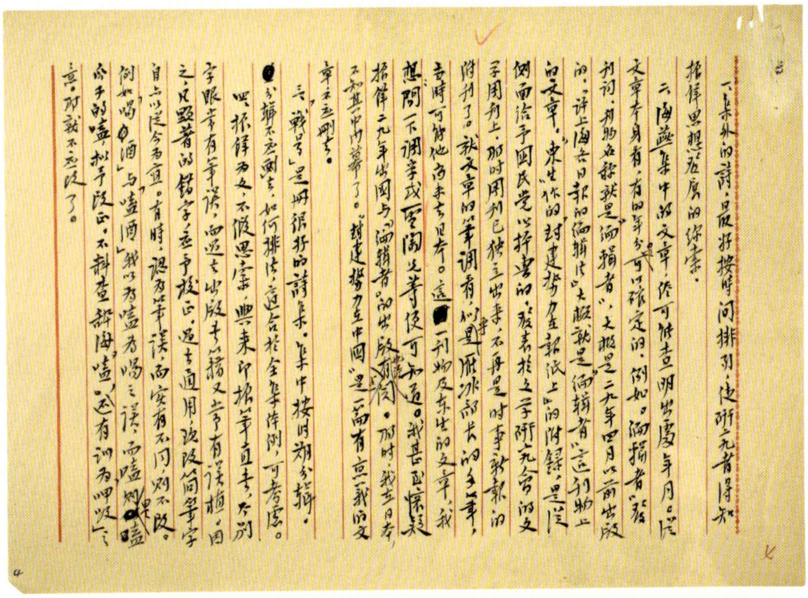

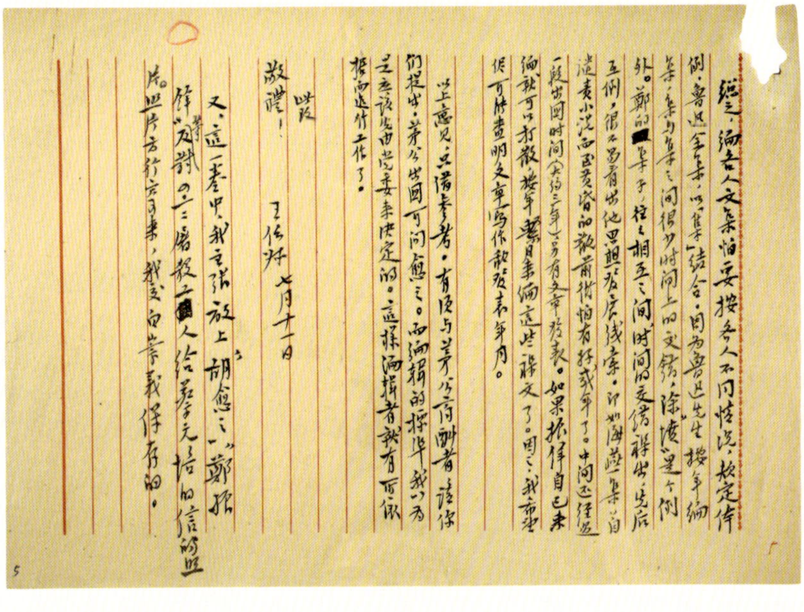

3 | 季羡林《因梦集》自序

季羡林（1911～2009 年），山东临清人，字希逋，又字齐奘。国际著名东方学大师、语言学家、文学家、国学家、佛学家、史学家、教育家和社会活动家。历任中国科学院哲学社会科学部委员、北京大学副校长、中国社会科学院南亚研究所所长，北京大学的终身教授。与饶宗颐并称为"南饶北季"。

横 19 厘米、纵 29 厘米

本手稿写于 1985 年 11 月 10 日，序中提到郑振铎曾想将季羡林的散文集编入他的丛书中。

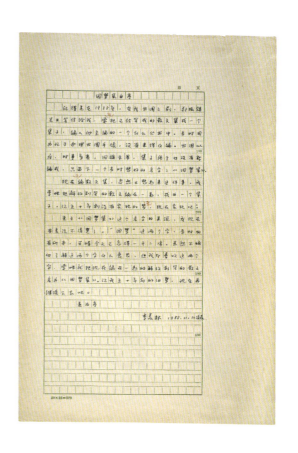

4 | 《郑振铎文集》编辑资料

（1）郑振铎写的诗

横 19 厘米、纵 27 厘米

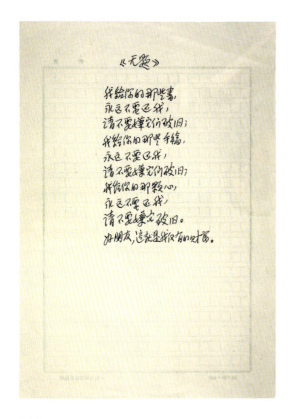

（2）《郑振铎同志传略》

横 20 厘米、纵 29 厘米

本书于 1959 年 1 月由科学出版社出版。

（3）郑振铎照片

横 20 厘米、纵 29 厘米

（4）《郑振铎文集》第二卷修改说明

横 20 厘米、纵 28 厘米

本手稿由方殷于 1962 年 7 月 5 日撰写，是《郑振铎文集》第二卷的
修改说明。

后记

　　2018 年是郑振铎先生诞辰 120 周年，也是他逝世 60 周年。我们收录了一些郑振铎先生相关文献，结撰成此集，以图版的方式尽可能多方面展示先生一生不凡经历和卓越贡献。虽然限于资料，还不够全面，但如同露水折射阳光一般，还是能够大致反映出郑振铎先生为中华优秀传统文化的传承弘扬而奋斗、奉献的一生。

　　郑振铎先生将其一生都奉献给了中华民族和中华优秀传统文化的复兴和进步，在不断求索的过程中始终走在朝向光明的道路上，为后人树立起了光辉的榜样。我们希望通过这本图集表达我们对郑振铎先生的怀念和敬仰，更希望读者通过这本图集感受和传承郑振铎先生崇高的精神品格，在习近平新时代中国特色社会主义思想指引下，为中华民族的伟大复兴贡献力量。

　　在此，我们要特别鸣谢对本图集出版给予赞助和支持的福建省博源文献艺术基金会。还要鸣谢对郑振铎展资料文献和各项活动给予支持帮助的深圳博物馆、福建博物院、福建积翠园艺术馆、福建长乐郑振铎纪念馆、北京荣壳文化中心等。我们还要特别感谢国家文物局老领导董保华、刘曙光对图集的编写出版给予的指导与帮助。

北京华协文化发展有限公司

二〇一九年三月